CYNNWYS

Byddai menyw a oedd yn gobeithio bod yn fwy ffrwythlon wedi cario'r swyndlws hynafol hwn o Dde America.

Dyma Louise Brown, baban profdiwb cyntaf y byd, yn ei pharti pen-blwydd yn ddwy oed.

A r Orffennaf y 25ain, 1978, am dair munud i hanner nos, ganed merch fach iach yn Ysbyty Cyffredinol Oldham, Swydd Gaerhirfryn, gogledd Lloegr. Ei henw oedd Louise Brown, ac roedd ei genedigaeth yn drobwynt yn hanes meddygaeth. Dyma'r baban cyntaf erioed, yn unrhyw le yn y byd, i gael ei eni o ganlyniad i driniaeth arbrofol newydd i helpu parau anffrwythlon i genhedlu baban. Enw gwyddonol y driniaeth oedd 'IVF' (gallwch ddarllen rhagor am hyn ar dudalen 22), ond i'r rhan fwyaf o bobl, Louise oedd y 'baban profdiwb'.

Cyn datblygiad y dechnoleg anhygoel hon, roedd yn rhaid i barau ddi-blant dderbyn eu bod yn anffrwythlon. Yn draddodiadol, y fenyw oedd yn cael y bai – a byddai'r menywod hyn yn cael eu galw'n 'hesb' a'u cau allan o gymdeithas. Ond, diolch

DIWRNOD MEWN HANES

CHWYLDRO'R
BABAN PROFDIWB

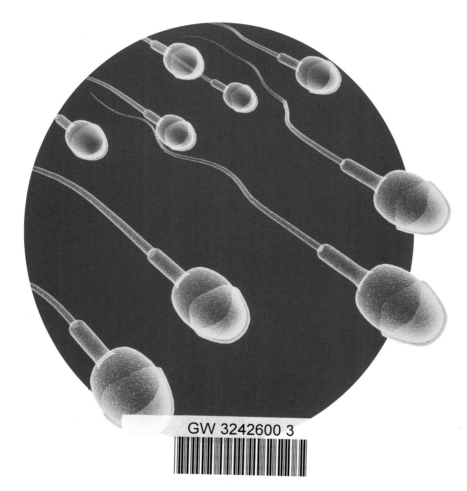

Fiona Macdonald

Addasiad Eiry Miles

Gomer

i ddatblygiadau gwyddonol yn ystod y bedwaredd ganrif ar bymtheg a'r ugeinfed ganrif, dechreuodd meddygon wella'u dealltwriaeth o anffrwythlondeb. Erbyn y 1960au, dechreuodd meddygon edrych ar ffyrdd o fynd i'r afael â'r broblem gymhleth hon.

Yn 1965, diolch i waith dau feddyg Prydeinig, Dr Robert Edwards a Dr Patrick Steptoe, daeth yn bosib i gynnig triniaeth newydd o'r enw IVF am y tro cyntaf i helpu parau di-blant.

Pan glywodd Mr a Mrs Brown am y driniaeth newydd arbrofol hon ar gyfer anffrwythlondeb, dechreuon nhw deimlo'n gyffrous iawn a phenderfynu bod yn rhan o'r rhaglen. Yn syfrdanol, lai na blwyddyn yn ddiweddarach, ganwyd eu merch, Louise. Roedd genedigaeth Louise Brown hefyd yn nodi diwedd blynyddoedd hir o ymchwil anodd gan dîm meddygol arloesol, a oedd wedi bod yn gweithio gyda pharau anffrwythlon er 1966.

Ond, tan i Mrs Brown roi genedigaeth i Louise, ni fu rhain yn llwyddiannus.

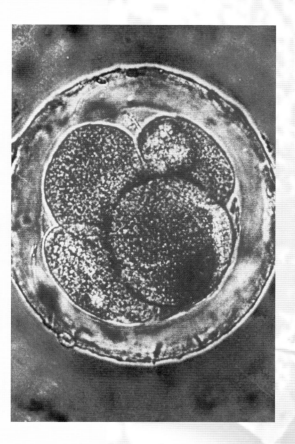

Yn ystod triniaeth IVF, cymerir wyau ffrwythlon o gorff y fenyw a'u ffrwythloni gyda sberm y dyn yn y labordy. Yna, cânt eu mewnblannu yn ôl yng nghorff y fenyw. Ar ôl hyn, mae'r wy'n tyfu mewn modd arferol, fel y gwelwn yn y llun hwn o ficrosgop electron.

Arweiniodd darganfyddiad IVF at enedigaeth cannoedd o filoedd o fabanod, yn ogystal â chynnydd dramatig yn nifer yr efeilliaid, tripledi, pedrybledi, pumledi a hyd yn oed seithbledi!

CYFLWYNIAD

Yn 1978, pan aned Louise Brown, roedd y dechneg IVF a ddefnyddiwyd i drin ei rhieni yn ymddangos yn chwyldroadol. Ond roedd yn un o blith nifer o ddatblygiadau gwyddonol – yn cynnwys trawsblannu organau, therapi genynnau a chlonio – a oedd yn digwydd yn ystod ail hanner yr ugeinfed ganrif. Roedd rhain i gyd yn ddatblygiadau chwyldroadol o safbwynt ein dealltwriaeth o'r corff, a sut mae'n gweithio.

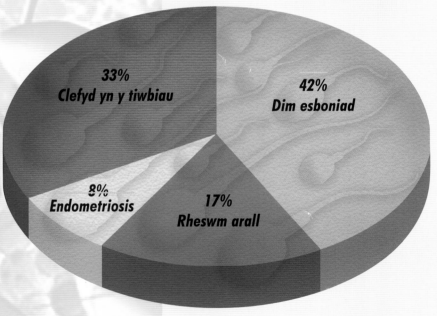

33% Clefyd yn y tiwbiau

42% Dim esboniad

8% Endometriosis

17% Rheswm arall

Heddiw, mae gennym ddealltwriaeth lawer gwell ynglŷn â pham y mae rhai parau'n methu â chael plant. Problemau gyda'r tiwbiau Fallopio yw'r rheswm mwyaf cyffredin am anffrwythlondeb, ond mewn dros 40% o achosion, mae meddygon yn dal i fethu canfod yr union reswm am y broblem.

Heddiw, mae gwyddonwyr yn gwybod fod llawer o ffactorau eraill yn achosi anffrwythlondeb – o ddibyniaeth ar alcohol a chyffuriau i henaint. Gall cyflyrau megis diabetes a chlefyd yr arennau, ac elfennau amgylcheddol megis llygredd achosi anffrwythlondeb hefyd. Arweiniodd canfyddiadau gwyddonol at ffyrdd newydd o reoli ffrwythlondeb hefyd, megis y bilsen atal cenhedlu.

Arweiniodd datblygiad IVF at driniaethau newydd ar gyfer anffrwythlondeb, a gwell dealltwriaeth o'r hyn sy'n achosi'r broblem.

Daeth y dechneg IVF a greodd Louise Brown, a miloedd o fabanod profdiwb eraill ar ei hôl, â llawenydd mawr i'w

Mae pryder hefyd am ddatblygiadau pellach, megis clonio, sef creu babanod mewn ffordd gwbl annaturiol. Daeth y syniad hwn yn fwy real pan gyhoeddodd y cwlt rhyfedd, y Mudiad Raelaidd, yn 2002 eu bod wedi creu'r baban cyntaf wedi'i glonio, sef 'Eve'. Er nad yw'r honiad hwn wedi cael ei brofi, a bod clonio o'r fath yn anghyfreithlon yn y rhan fwyaf o wledydd y byd, mae'n amlwg fod ymchwil IVF yn cynnig llawer o bosibliadau.

Ar ôl dim ond 21 wythnos, mae modd adnabod ffurf ffoetws dynol. Bydd yn gallu clywed ac agor ei lygaid, a gall adnabod llais ei fam.

rhieni a gobaith i barau di-blant ledled y byd. Hefyd, cyfrannodd ymchwil IVF at ddarganfod triniaethau newydd ar gyfer llawer o gyflyrau difrifol.

Ond, fel llawer o ddatblygiadau gwyddonol o bwys, cododd IVF gwestiynau pwysig ac anodd i unigolion a chymdeithasau i'w hystyried. Roedd y cwestiynau hyn yn ymwneud ag ystyriaethau moesegol megis y posibilrwydd o gynhyrchu 'babanod i gynllun' – pan fo rhieni'n gallu dewis nodweddion eu plant, hyd yn oed eu taldra a lliw eu llygaid.

Rael (chwith), yw arweinydd y Mudiad Raelaidd – cwlt sy'n credu bod bywyd wedi'i greu yn y gofod. Mae'r cwlt hefyd yn honni eu bod wedi creu'r baban cyntaf i gael ei glonio, sef 'Eve', a bod mwy o fabanod o'r fath i ddilyn yn y dyfodol.

Mae agweddau tuag at blant yn amrywio o ganrif i ganrif ac o ddiwylliant i ddiwylliant, ond mae un peth yn dal yr un peth: mae dod yn rhiant yn rhoi llawenydd a boddhad i bobl. Mae'r llun hwn gan yr artist Argraffiadol o Ffrainc, Renoir, yn dangos teulu hapus yn mwynhau diwrnod allan.

Pam mae parau'n priodi neu'n sefydlu cartref gyda'i gilydd? Mae'r rhesymau'n amrywio. Rhesymau emosiynol yw rhai ohonynt: mae pobl yn syrthio mewn cariad, neu'n chwilio am gwmni. Mae eraill yn fwy ymarferol. Mewn rhai gwledydd, symud i fyw gyda phartner yw'r unig ffordd o adael cartref. Ond mae bron pob pâr yn cytuno nad yw bywyd teulu'n gyflawn heb blant. Fodd bynnag, nid yw cymryd y cam hwn yn rhwydd i bawb, wrth iddynt gael problemau cenhedlu eu plant eu hunain.

Boddhad

Mae dod yn rhiant yn dod â boddhad, llawenydd a chyfrifoldeb mawr. I lawer o ddynion a menywod, magu teulu hapus ac iach yw'r gweithgaredd pwysicaf yn eu bywydau. Mewn rhai cymunedau, mae bod yn rhiant yn dod â pharch. Dyna pam fod rhai pobl mewn gwledydd Arabeg eu hiaith yn newid eu henwau ar ôl genedigaeth eu mab cyntaf. Fe'u gelwir yn 'Abu' (tad) neu 'Umm' (mam), gydag enw'r baban i ddilyn.

Diogelwch

Mewn gwledydd lle nad yw'r wladwriaeth yn cynnig budd-daliadau mae plant yn bwysig am reswm arall. Maen nhw'n ddefnyddiol! Gallant fynd ar neges, gofalu am frodyr a chwiorydd iau, ac weithiau byddant yn mynd allan i weithio. Maen nhw'n 'bolisi yswiriant' – yn ffordd o ddarparu cysur a diogelwch i bobl mewn oed. Yn y rhan fwyaf o ddiwylliannau Affrica ac Asia, disgwylir i blant ofalu am rieni oedrannus.

WEDI'U CARU *a'u trysori*

Heddiw, er bod rhai pobl yn dewis peidio â chael plant, mae'r mwyafrif yn penderfynu magu teulu. Dros 2,500 o flynyddoedd yn ôl, ysgrifennodd bardd Hebraeg: 'Bodlon yw'r dyn â llond ei gawell o blant'. Oddeutu 150 CC, dyma a oedd gan y fonesig Rufeinig Cornelia i'w ddweud am ei meibion: 'Y plant hyn yw fy nhrysorau'.

Enw ac enwogrwydd

Mae cael plentyn weithiau'n hanfodol i bobl gyfoethog a phwerus, os ydynt am drosglwyddo'u tir, eu cyfoeth neu'u teitlau i genedlaethau'r dyfodol. Trwy hanes, gwelwn frenhinoedd yn gobeithio cael meibion a fyddai'n teyrnasu ar eu holau. Ond, prin yw'r rhai a allai gystadlu â'r Ffaro Ramses II o'r Hen Aifft, (a deyrnasodd o 1279 tan 1213 OC) a genhedlodd dros 100 o blant gyda llawer o wahanol wragedd.

Atgenhedlu

Yn yr 20fed ganrif, awgrymodd gwyddonwyr fod rheswm ychwanegol pam fod llawer o ddynion a menywod yn teimlo dan bwysau i genhedlu plentyn, os yn bosib. Y ddamcaniaeth yw bod genynnau – y cod cemegol mewn celloedd sy'n penderfynu sut mae pawb yn edrych ac yn tyfu – yn 'hunanol'. Maen nhw eisiau byw am byth, trwy drosglwyddo'u hunain ymlaen o genhedlaeth i genhedlaeth. Cyn y gall beichiogrwydd ddechrau, a chyn geni babi, mae'n rhaid i fenyw genhedlu. Mae cenhedlu'n broses gymhleth a manwl. Ond mae hi hefyd yn broses gyffredin, gyda biliynau dirifedi o fabanod wedi cael eu cenhedlu ers esblygiad y bodau dynol cyntaf. Am y rhesymau hyn, gelwir cenhedlu'n aml yn 'wyrth bob dydd'. Ond beth yw cenhedlu, a sut mae'n gweithio?

Cenhedlu

Mae cenhedlu'n broses tri cham sy'n cymryd rhwng saith a deng niwrnod i'w chwblhau. Mae'n cynnwys cynhyrchu wy a sberm, ffrwythloni wy, a mewnblannu'r wy ffrwythlon sy'n tyfu'n gyflym i mewn i leinin croth y fenyw.

'Rydw i wedi dyheu'n aml am fendith mamolaeth… Trwy fod yn fam, a thrwy'r profiadau amrywiol sy'n dod gyda hynny, efallai y byddwn wedi cyflawni rhywbeth gwell na'r hyn a wneuthum eisoes… tan nawr.'

Rhan o lythyr a ysgrifennwyd yn 1849 gan y seren opera o Sweden, Jenny Lind, sef un o fenywod enwocaf a mwyaf llwyddiannus ei hoes. Er gwaethaf ei llwyddiant disglair, roedd hi'n dal i gredu y byddai cael plentyn yn beth mwy buddiol i'w wneud.

Yn rhai o wledydd tlotaf y byd, mae rhieni'n dod â'u plant i'r caeau. Pan fyddant yn ddigon hen, bydd y plant yn helpu gyda'r gwaith hefyd.

Ffeithiau **FFRWYTHLONDEB**

- Mae'n cymryd tua 45 munud i sberm gyrraedd y tiwbiau Fallopio.
- Gall sberm aros yn fyw yn y tiwbiau Fallopio am oddeutu tri diwrnod, yn barod i uno gydag wy.
- Gall sberm fod yn wrywaidd neu'n fenywaidd. Y sberm sy'n penderfynu a fydd yr wy ffrwythlon yn tyfu i fod yn fachgen neu'n ferch.
- Mae ofarïau menyw yn cynnwys tua 35,000 o wyau anaeddfed. Dim ond tua 500 a fydd yn aeddfedu ac yn cael y cyfle i gael eu ffrwythloni.

Mae llawer o fenywod yn teimlo'n hapus ac yn gynhyrfus ynglŷn â'u beichiogrwydd, ond i eraill, mae'n amser anodd. Efallai y byddant yn teimlo'n sâl a blinedig ac yn 'wahanol i'r arfer' tra byddant yn feichiog.

Wyau a sberm

Mae'r rhan fwyaf o oedolion dynol yn cynhyrchu celloedd arbennig er mwyn atgenhedlu. Mewn menywod, enw'r celloedd hyn yw wyau, ac mewn dynion, eu henw yw sberm. Maen nhw'n cael eu gwneud ac yn cael eu storio mewn organau rhyw — ceilliau'r dynion a dau ofari'r fenyw — sy'n aeddfedu pan fydd plentyn yn cyrraedd y glasoed (fel arfer ym mlynyddoedd cynnar yr arddegau). Dim ond hanner y cromosomau (gwybodaeth enetig) sydd eu hangen i ffurfio cell arferol i'r corff sy'n cael eu cynnwys ym mhob wy neu sberm. I oroesi, mae'n rhaid iddynt uno, er mwyn cysylltu'r ddwy set o gromosomau. O wneud hyn, maent yn creu cell newydd, sy'n cynnwys digon o wybodaeth i greu bywyd newydd.

Ffrwythloni

Fel arfer, mae wyau a sberm yn uno yn ystod cyfathrach rywiol. Mae sberm a gynhyrchir gan geilliau'r dyn yn nofio ar hyd gwain y fenyw, i mewn i'r groth, ac yna'n mynd i mewn i diwbiau Fallopio. Yno, bydd un sberm yn uno gydag wy. Mae'n tyrchu drwy arwyneb allanol yr wy fel y gall ei gromosomau gyfuno gyda rhai'r wy. Enw'r broses hon yw ffrwythloni.

Ymrannu

Cyn gynted ag y bydd wy wedi ffrwythloni, bydd yn dechrau tyfu. Mae'n rhannu'n ddwy gell, a bydd y celloedd hynny'n ymrannu eto. Mae'r broses hon yn parhau'n gyflym. Ar ôl 72 awr, bydd celloedd yr wyau ffrwythlon wedi ymrannu 32 o weithiau, ac yn cynnwys cyfanswm o 64 cell. Ar ôl cyrraedd y maint hwn, bydd yr wy'n teithio i lawr y tiwbiau Fallopio nes cyrraedd y groth. Gall y daith hon gymryd hyd at saith niwrnod.

Mewnblannu

Wrth i'r wy deithio, bydd yn tyfu estyniadau bychain tebyg i fysedd o gwmpas ei ymyl allanol. Bydd yr estyniadau hyn yn tyrchu i mewn i leinin y groth, ac yn helpu celloedd yr wy ffrwythlon i dynnu maeth o gyflenwad gwaed cyfoethog y leinin. Enw'r broses hon yw mewnblannu. Nawr, o'r diwedd, mae'r cenhedliad yn gyflawn a'r beichiogrwydd wedi dechrau. Gall y ddarpar fam edrych ymlaen at gael ei baban.

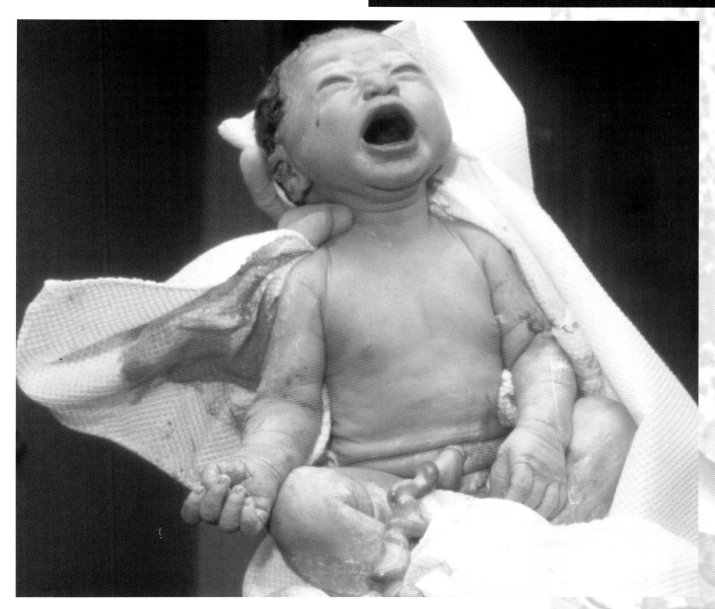

Anffrwythlondeb Yn anffodus, nid yw pawb sydd eisiau plant yn gallu eu cael yn naturiol. Mae meddygon yn amcangyfrif fod cymaint ag un o bob chwe phâr yn anffrwythlon. Efallai y bydd rhaid i'r parau hyn aros am flynyddoedd maith cyn i'r fenyw genhedlu, neu efallai y bydd hi'n methu â chenhedlu o gwbl. Heddiw, rydym yn deall nifer fawr o resymau meddygol dros anffrwythlondeb. Ond yn y gorffennol, nid oedd pobl yn deall pam ei fod yn digwydd, ac roedd llawer o gredoau ofergoelus ynglŷn â ffrwythlondeb.

Nid yw rhieni byth yn anghofio'r profiad o ddal eu baban am y tro cyntaf, cyn gynted ag y bydd ef neu hi wedi'i eni. Mae'r baban yn dal i fod yn sownd wrth linyn y bogail ar yr adeg hon. Bydd hwnnw'n cael ei dorri a'i glymu gan feddygon i greu 'botwm bol'.

OFYLIAD

Gall dynion gynhyrchu sberm ar unrhyw adeg, bron, ond ar gyfartaledd, dim ond oddeutu 12 gwaith y flwyddyn y bydd menyw'n cynhyrchu wy. Enw hyn yw 'ofyliad'. Bob mis, tua 14 diwrnod cyn ei misglwyf, bydd un o'i hofarïau'n rhyddhau wy ffrwythlon. Mae'n teithio i lawr y tiwb Fallopio agosaf, lle bydd yn byw am tua 12 awr. Os na chaiff ei ffrwythloni gan sberm, bydd yn marw.

Dioddefodd y Frenhines Anne Boleyn, gwraig Harri'r VIII, o ganlyniad i gredoau rhagfarnllyd ynglŷn â beichiogrwydd a oedd yn gyffredin yn yr unfed ganrif ar bymtheg ac am amser maith wedi hynny. Rydym yn gwybod nawr mai math gwaed ei gŵr oedd yn gyfrifol, fwy na thebyg, am ei hanallu i gynhyrchu ail blentyn.

Rhodd **DUW**

Cred pobl o sawl ffydd grefyddol, fod ffrwythlondeb yn rhodd gan Dduw. Er enghraifft, mewn un llyfr o'r unfed ganrif ar bymtheg a ysgrifennwyd i ddysgu pobl am y ffydd Babyddol, nodwyd: '*Ar ôl i bobl briod dderbyn rhodd ffrwythlondeb gan Dduw, sy'n rhodd nad yw Ef yn ei rhoi i bawb, rhaid iddynt ddiolch yn ddarostyngedig iddo Ef bob tro y genir plentyn iddynt.*' Mae llawer o arweinwyr crefyddol yn dal i arddel syniadau tebyg heddiw. Maent yn gwrthwynebu erthyliad ac atal cenhedlu, oherwydd eu bod yn credu mai Duw yn unig sydd â'r grym i benderfynu a ddylai pâr gael plentyn neu beidio.

Goruwchnaturiol
Hyd yn oed heddiw, mae genedigaeth baban newydd yn aml yn cael ei hystyried yn ddigwyddiad gwyrthiol. Felly, nid yw'n syndod fod pobl yn y gorffennol yn chwilio am resymau o fyd hud a lledrith i esbonio pam na allai parau gael plant. Roedden nhw'n beio anffrwythlondeb ar anlwc, dewiniaeth neu gosb gan Dduw am bechodau yr oedd y pâr wedi'u cyflawni.

Swynion a defodau
Er mwyn amddiffyn eu hunain rhag unrhyw ddylanwad drwg a allai eu hatal rhag beichiogi, byddai menywod yn gwisgo swyndlysau, neu'n cario pethau i ddod â lwc iddynt. Byddent yn cymryd rhan mewn defodau cymhleth, a gynlluniwyd i'w gwneud yn fwy ffrwythlon. Yn aml, byddai'r rhain yn gysylltiedig â symbolau o fywyd newydd, megis wyau. Byddent yn gweddïo, yn cynnig offrymau ac yn mynd ar bererindod i fannau sanctaidd, i ofyn i'w duw neu'u duwiau i anfon plentyn yn rhodd iddynt.

Bai'r fenyw?
Heddiw, rydym yn gwybod y gall dynion a menywod fod yn anffrwythlon, ond yn y gorffennol, y gred oedd mai bai'r fenyw oedd anffrwythlondeb fel arfer. Testun cywilydd i fenyw oedd cael ei galw'n 'hesb'. Roedd yn golygu ei bod wedi methu yn ei dyletswydd bwysicaf — sef cael plant.

Cosbi 'methiant'
Mewn llawer o wledydd, gallai gŵr ysgaru ei wraig pe bai hi'n methu â rhoi genedigaeth. Mae'r brenin Harri'r VIII, a deyrnasodd dros Loegr o 1509 hyd 1547, yn enwog am briodi chwe gwaith yn y gobaith o genhedlu etifedd gwryw i'w olynu ar yr orsedd. Ganwyd merch i'w ail wraig, Anne Boleyn, ond yna ganwyd plentyn marw-anedig iddi — o bosibl oherwydd bod ei gwaed o fath o'r enw rhesws-negyddol (gweler y blwch). Oherwydd hyn,

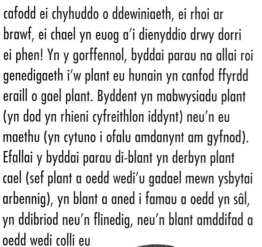

cafodd ei chyhuddo o ddewiniaeth, ei rhoi ar brawf, ei chael yn euog a'i dienyddio drwy dorri ei phen! Yn y gorffennol, byddai parau na allai roi genedigaeth i'w plant eu hunain yn canfod ffyrdd eraill o gael plant. Byddent yn mabwysiadu plant (yn dod yn rhieni cyfreithlon iddynt) neu'n eu maethu (yn cytuno i ofalu amdanynt am gyfnod). Efallai y byddai parau di-blant yn derbyn plant cael (sef plant a oedd wedi'u gadael mewn ysbytai arbennig), yn blant a aned i famau a oedd yn sâl, yn ddibriod neu'n flinedig, neu'n blant amddifad a oedd wedi colli eu rhieni.

Ffactor RHESWS

Mae gwaed dynol yn cynnwys llawer o gemegau gwahanol, gan gynnwys mathau arbennig a elwir gyda'i gilydd yn 'ffactor rhesws'. Nid yw hwn yn bodoli yng ngwaed rhai pobl; maen nhw felly'n 'rhesws-negyddol'. Os bydd wy o gorff menyw rhesws-negyddol yn cael ei ffrwythloni gan sberm gan ddyn sydd â'r ffactor rhesws, bydd gwaed ei baban heb ei eni'n cynnwys ffactor rhesws hefyd, fwy na thebyg, a bydd ei system imiwnedd hi'n sensitif iddo. Nid yw hyn yn effeithio ar ei phlentyn cyntaf, ond pe bai hi'n cenhedlu ail faban â ffactor rhesws, bydd ei system imiwnedd hi'n creu gwrthgyrff (celloedd sy'n lladd) i ymladd yn ei erbyn. Gall y rhain achosi niwed difrifol i'r baban heb ei eni, ac unrhyw fabanod yn y dyfodol a chanddynt waed tebyg.

Byddai menyw a oedd yn gobeithio bod yn fwy ffrwythlon wedi cario'r swyndlws ffrwythlondeb hynafol hwn o Dde America.

Mae'r rhan fwyaf o rieni sy'n mabwysiadu neu faethu'n cynnig amgylchedd teuluol cariadus i'w plant ac yn magu perthynas agos iawn â nhw.

Rhoi i ffwrdd Tan tua 1900, efallai y byddai parau di-blant yn Ewrop neu'r Unol Daleithiau'n gofyn i berthnasau roi plentyn iddynt i'w fagu, yn enwedig pe bai gan y perthnasau lawer o blant eu hunain. Mewn llawer o ddiwylliannau, megis rhai Gorllewin Affrica a'r Caribî, roedd yn gyffredin hefyd i rieni anfon rhai o'u plant i gael eu mabwysiadu gyda pherthnasau, a fyddai'n gofalu amdanynt ac yn darparu addysg a sgiliau defnyddiol iddynt.

Dim dewis Yn aml, byddai'r plant hyn yn cael eu caru'n fawr, ac ar eu hennill mewn sawl ffordd. Ond ni fyddai neb yn ymgynghori â nhw, a byddai disgwyl iddynt gytuno i rywbeth a fyddai'n newid eu bywydau'n aruthrol. Roedd cael eu mabwysiadu neu eu maethu yn golygu bod y plant hyn yn colli cyswllt agos â'u teulu cyfan – gan gynnwys rhieni, brodyr a chwiorydd – am amser hir, ac weithiau am byth.

Y peth **GORAU**

Yn y rhan fwyaf o wledydd, mae mabwysiadu plentyn yn broses hir. Mae'n rhaid i barau gael archwiliadau seicolegol manwl, ac mae gweithwyr cymdeithasol yn ymchwilio i'w bywydau preifat. Ond mae llawer yn barod i dderbyn y prosesau hyn, er mwyn mabwysiadu'r plentyn y maent yn dyheu amdano.

Hapus gyda'i gilydd

Ond, yn anffodus, weithiau mae rhieni sy'n mabwysiadu neu rieni maeth yn greulon ac yn ymosodol, a'u plant yn anhapus ac yn cael eu cam-drin — fel sy'n digwydd mewn teuluoedd cyffredin. Ond ar y cyfan, mae trefniadau mabwysiadu a maethu wedi darparu bywyd teuluol cyflawn a hapus i filiynau o barau anffrwythlon a'u plant maeth neu fabwysiedig.

Syniadau newydd

Ar ddiwedd yr ugeinfed ganrif, newidiodd syniadau am fabwysiadu. Credai arbenigwyr ei bod yn well i blant aros gyda'u rhieni naturiol os yn bosib, a chynnig cymorth a chefnogaeth i deuluoedd â phroblemau. Trwy ddulliau atal cenhedlu gwell — yn enwedig y bilsen atal cenhedlu — roedd llai o fabanod 'digroeso' yn cael eu geni. Roedd agweddau cymdeithasol yn newid, gan olygu ei bod yn gwbl dderbyniol i fenyw ddi-briod — neu ddyn di-briod — fagu plentyn heb gymar. Ar yr un pryd, gwelwyd parau di-blant o wledydd cyfoethog yn mabwysiadu babanod o wledydd tlawd neu wledydd adeg rhyfel. Er bod eu bwriadau'n dda, roedd pobl yn beirniadu mynd â'r plant i ffwrdd o'u mamwlad a'u diwylliant.

'Rhaid gwneud rhywbeth'

Roedd llawer o barau di-blant yn llai parod i dderbyn anffrwythlondeb fel 'anlwc' neu 'gosb Duw'. Aeth y parau hyn at feddygon a gwyddonwyr a dweud fod 'rhaid gwneud rhywbeth' i ddatrys eu cyflwr di-blant. Ac wrth i eni plant ddod yn broses fwy diogel a llai poenus mewn gwledydd cyfoethog — diolch i ddatblygiadau mewn technegau meddygol — roedd llai o fenywod nag o'r blaen yn barod i fod yn ddi-blant pe bai modd osgoi hynny. Yn wahanol i fenywod yn y gorffennol neu fenywod mewn gwledydd tlawd heddiw, roedd y rhan fwyaf o fenywod yn annhebygol o ddioddef yn ofnadwy neu farw wrth eni baban yn yr ugeinfed ganrif.

Wrth i agweddau newid yn y 1960au, nid oedd dysgeidiaeth yr Eglwys ar briodas, beichiogrwydd a ffrwythlondeb yn ddylanwad mor fawr ar bobl. Yn fwy penodol, dechreuodd agweddau cymdeithas newid tuag at famau di-briod, ac roedd budd-daliadau cymdeithasol newydd yn gymorth i wella'u sefyllfa.

'Bydd dy wyneb pinc, iach yn troi'n wyrdd afiach… bydd dy lygaid yn colli'u disgleirdeb. Bydd dy fol yn chwyddo a bydd gennyt ddiffyg traul a phoenau yn dy ochr. Bydd gennyt boen cefn. Bydd golwg welw a sâl arnat ti… ni fyddi di'n brydferth mwyach… a bydd popeth y byddi di'n ei fwyta'n peri i ti deimlo'n sâl. Ni fyddi di'n gallu cysgu'r nos, oherwydd y byddi di'n poeni cymaint am y boen o eni'r baban.'

Cyngor i fenywod ifanc gan offeiriad o Ewrop yn y drydedd ganrif ar ddeg, a oedd yn eu hannog i aros yn wyryfon ac osgoi beichiogrwydd.

Yn y gorffennol, byddai meddygon a oedd am drin anffrwythlondeb yn wynebu problem fawr. Roedd y system atgenhedlu fenywaidd wedi'i chuddio'n ddwfn i mewn yn y corff, ac felly'n anodd iawn i'w harchwilio. Am ganrifoedd, nid oedd unrhyw un yn deall mewn gwirionedd sut oedd cyrff menywod wedi'u ffurfio, ac mewn llawer o wledydd roedd arweinwyr crefyddol yn gwahardd difyniad (torri cyrff meirwon) ar gyfer ymchwil. Yna, tua 1500, o dan ddylanwad syniadau'r Dadeni a oedd yn annog ymchwil ac ymholiadau meddygol, dechreuodd meddygon archwilio cyrff go iawn a chyhoeddi eu canfyddiadau i eraill eu hastudio.

Andreas Vesalius (1514-64) a sefydlodd gwyddor fodern anatomeg. Ei lyfrau ef, gyda'u dyluniadau hardd, oedd y cyntaf i ddangos yn gywir holl fanylion y corff dynol.

1537–1543 Cyhoeddwyd *Chwe Llun Anatomegol* a *Sut y Ffurfir y Corff Dynol* gan Andreas Vesalius, meddyg o Fflandrys a oedd yn athro ym mhrifysgol Padua, Yr Eidal. Bu'n rhaid i feddygon eraill gasglu eu gwybodaeth am du mewn y corff dynol drwy astudio anifeiliaid ac ysgrifau gan ddoethion hynafol, ond gwnaeth Vesalius ei ganfyddiadau trwy ddifynnu pobl. Mae ei lyfrau'n nodi dechreuad dulliau newydd sbon o astudio anatomeg ac afiechydon.

TORRI *Troseddwyr*

Byddai Vesalius yn torri cyrff troseddwyr a oedd wedi'u dienyddio i wneud ei archwiliadau. Un tro, cipiodd ysgerbwd a oedd yn crogi ar grocbren ar ochr y ffordd er mwyn ei astudio'n fanylach.

1561 Cyhoeddwyd *Arsylwadau Anatomegol* gan Gabriele Falloppia, a ddaeth yn athro i Padua ar ôl Vesalius. Yn ei astudiaeth, rhoddodd ddisgrifiad manwl o'r tiwbiau sy'n cario wyau o ofarïau'r fenyw i'w chroth. Hyd heddiw, rydym

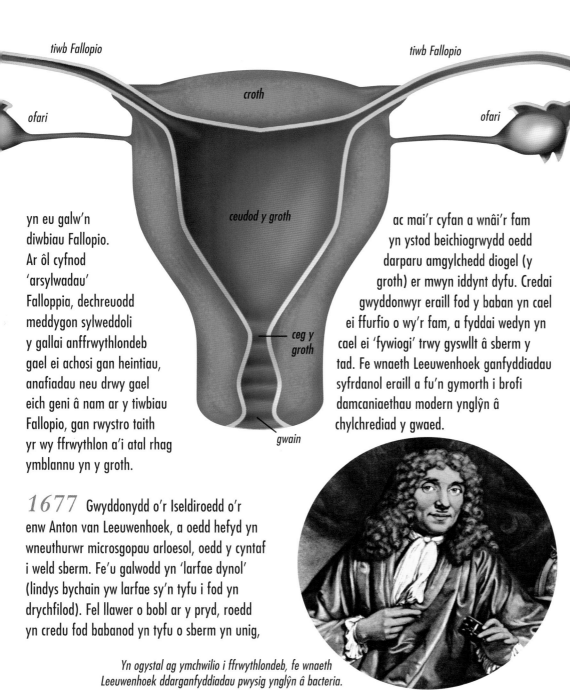

tiwb Fallopio

tiwb Fallopio

croth

ofari

ofari

ceudod y groth

ceg y groth

gwain

Mae ofariäu'r fenyw'n cynhyrchu un wy bob mis, sydd wedyn yn teithio i lawr y tiwbiau Fallopio i'r groth. Os daw'r wy hwn i gyswllt â sberm dyn, bydd yr wy ffrwythlon yn ymblannu yn leinin y groth ac yn dechrau datblygu i fod yn faban. Pan fydd y baban yn barod i gael ei eni, bydd cyhyrau cryf y groth yn ei wthio allan yn ystod yr enedigaeth.

yn eu galw'n diwbiau Fallopio. Ar ôl cyfnod 'arsylwadau' Falloppia, dechreuodd meddygon sylweddoli y gallai anffrwythlondeb gael ei achosi gan heintiau, anafiadau neu drwy gael eich geni â nam ar y tiwbiau Fallopio, gan rwystro taith yr wy ffrwythlon a'i atal rhag ymblannu yn y groth.

1677 Gwyddonydd o'r Iseldiroedd o'r enw Anton van Leeuwenhoek, a oedd hefyd yn wneuthurwr microsgopau arloesol, oedd y cyntaf i weld sberm. Fe'u galwodd yn 'larfae dynol' (lindys bychain yw larfae sy'n tyfu i fod yn drychfilod). Fel llawer o bobl ar y pryd, roedd yn credu fod babanod yn tyfu o sberm yn unig,

ac mai'r cyfan a wnâi'r fam yn ystod beichiogrwydd oedd darparu amgylchedd diogel (y groth) er mwyn iddynt dyfu. Credai gwyddonwyr eraill fod y baban yn cael ei ffurfio o wy'r fam, a fyddai wedyn yn cael ei 'fywiogi' trwy gyswllt â sberm y tad. Fe wnaeth Leeuwenhoek ganfyddiadau syfrdanol eraill a fu'n gymorth i brofi damcaniaethau modern ynglŷn â chylchrediad y gwaed.

Yn ogystal ag ymchwilio i ffrwythlondeb, fe wnaeth Leeuwenhoek ddarganfyddiadau pwysig ynglŷn â bacteria.

> *Mae'n wirionedd sy'n rhy guffredin, sef bod mamau a'u plant yn ddyddiol, os nad bob awr, yn cael eu difa (o ganlyniad i arferion bydwreigiaeth ein hoes) gan gnafon anwybodus … ciwed o fechgyn ifanc a hen olchwragedd wedi ymddeol, sydd mor ddigywilydd a chreulon i… wneud y gwaith, hyd yn oed yn yr achosion anoddaf.*
>
> *Sylw gan ddyn a oedd yn fydwraig 'arbenigol'. Roedd yn awyddus i hybu technegau newydd, Llundain, 1785.*

Ffeithiau am **SBERM**

Ar gyfartaledd, bydd dyn yn cynhyrchu tua 20 biliwn o sbermau bob mis, a bydd tua 400 miliwn yn mynd i mewn i gorff menyw bob tro y bydd pâr yn caru. Mae pob sberm yn fach iawn – yn rhy fach i'w weld heb gymorth microsgop. Cafodd sbermau eu gweld am y tro cyntaf, o dan ficrosgopau cynnar, yn yr ail ganrif ar bymtheg. Ond dim ond yn ystod y bedwaredd ganrif ar bymtheg y daeth gwyddonwyr i ddeall rôl sberm wrth genhedlu baban.

Gallwn ni weld y sbermau bychain hyn mewn manylder anhygoel gyda microsgop sganio electron (SEM), un o ficrosgopau mwyaf pwerus y byd heddiw.

1700–1800 Oherwydd darganfyddiadau newydd am anatomeg menywod, newidiodd technegau bydwreigiaeth er gwell. O ganlyniad roedd genedigaeth yn llai peryglus i lawer o fenywod. Roedd llai o berygl hefyd i fenyw fod yn anffrwythlon o gael ei hanafu wrth eni baban. Ond aeth amser maith cyn i'r canfyddiadau gwyddonol diweddaraf yma gyrraedd bydwragedd benywaidd traddodiadol a meddygon gwrywaidd amhrofiadol.

1828–1837 Cyhoeddwyd *Hanes Datblygiad Anifeiliaid* gan y gwyddonydd o Estonia, Karl Ernst von Baer. Ynddo, esboniodd am y tro cyntaf sut oedd ofariau menywod a mamolion eraill yn gweithio. Cyrhaeddodd lawer o'i gasgliadau ar ôl astudio ci anwes ei gogydd yn ofalus! Von Baer oedd y cyntaf hefyd i esbonio sut oedd wy ffrwythlon yn tyfu yn ystod camau cyntaf cenhedliad.

1843 Darganfyddodd y meddyg o Brydain, Martin Barry, sut mae sberm ac wy'n uno ar adeg y ffrwythloniad. Dangosodd yn bendant fod celloedd gwrywaidd a benywaidd yn gwbl gyfartal yn y broses o genhedlu.

1868 Dyfeisiodd tîm dan arweiniad y meddyg Almaenig, Adolf Kussmaul declyn o'r enw gastrosgop, sef piben yn sownd wrth lamp fechan a lensys a oedd yn ei alluogi i weld y tu mewn i'r stumog ddynol — gyda chymorth dyn a oedd yn llyncu cleddyfau mewn ffeiriau! Defnyddiodd meddygon eraill y ddyfais hon i ddatblygu'r laparosgop, sef tiwb sy'n cael ei roi i mewn trwy doriad bychan yn yr abdomen. Gyda'r laparosgop, roedd modd archwilio'r organau atgenhedlu'n fanwl iawn. Heddiw, mae endosgopau opteg ffibr yn cael eu gwneud o sypiau o ffibrau gwydr sy'n trawsgludo golau. Maen nhw'n hyblyg, ac yn gallu 'gweld' o gwmpas yr organau i gyd, a hyd yn oed y tu mewn iddynt.

LLAI FFRWYTHLON *mewn henaint*

Ers miloedd o flynyddoedd, mae pobl yn deall fod dynion ifainc yn fwy ffrwythlon na hen ddynion. Tua 1000 OC, nododd ysgrifennydd o'r Aifft y cyngor meddygol traddodiadol hwn. '*Prioda wraig tra byddi di'n ifanc, er mwyn iddi roi llawer o blant i ti.*' Ar yr adeg honno, nid oedd pobl yn gwybod pam fod hen ddynion yn aml yn llai ffrwythlon na dynion iau. Heddiw, mae meddygon yn credu fod sberm yn wannach, ac yn fwy tebygol o fod â nam arnynt, pan mae dyn dros 50 oed.

1929–1930 Darganfyddwyd oestrogen, sef y prif hormon rhyw benywaidd, gan y gwyddonydd a'r swolegydd Americanaidd, Edgar Allen, a'r biolegydd, Edward Daisy. Diben hwn yw peri i fenywod ddod yn aeddfed yn rhywiol, a thewhau leinin y groth yn barod i dderbyn wy ffrwythlon. Bu Allen yn arbrofi trwy chwistrellu llygod labordy gyda hylif o ofarïau moch.

1934 Darganfu'r biocemegydd Almaenig, Adolf Butenandt, yr ail brif hormon benywaidd, 'progesteron'. Mae'r hormon hwn yn paratoi'r tiwbiau Fallopio a'r groth i dderbyn wy ffrwythlon, ac yn helpu beichiogrwydd i ymsefydlu'n iawn. Derbyniodd Butenandt Wobr Nobel am Wyddoniaeth am ei waith yn 1939.

Y meddyg Americanaidd Edward Daisy yn derbyn Gwobr Nobel am Feddygaeth am ei waith ym maes anffrwythlondeb yn 1943.

'Mor ddiweddar â deuddeng mlynedd yn ôl, ychydig iawn a wyddem am natur yr hormonau rhyw. Mae Butenandt wedi cymryd y cam mawr cyntaf ymlaen'.

Araith aelod o banel Gwobr Nobel 1939 wrth gyflwyno ei wobr i Adolf Butenandt.

DATRYSIAD *syml*

Mae rhai dynion wedi datrys eu problemau anffrwythlondeb drwy newid eu trôns! Gall dillad tynn ddal y ceilliau (lle mae sbermau'n cael eu creu) yn agos iawn at y corff. Mae hyn yn codi eu tymheredd, a gall niweidio sberm hyd yn oed. Mae gwisgo dillad isaf mwy llac yn cadw'r ceilliau'n oerach ac yn galluogi sberm iachach i ddatblygu.

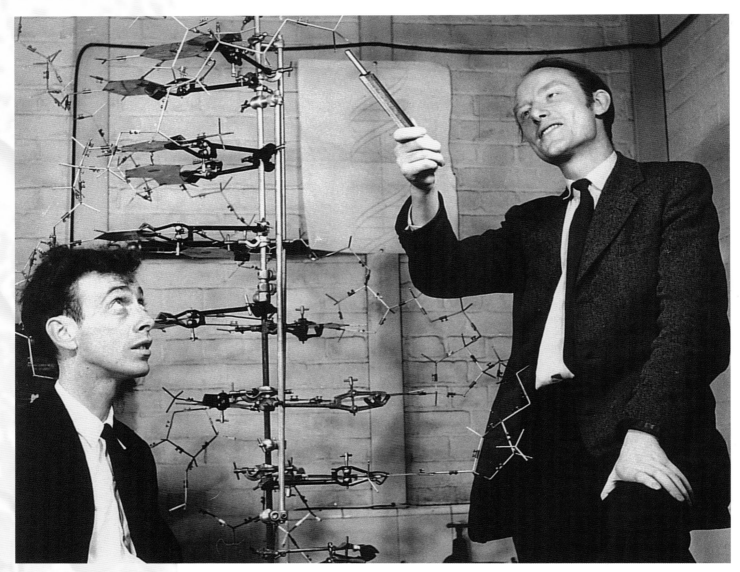

Rhoddwyd gwobr Nobel i Francis Crick a James Watson yn 1953 am iddynt ddarganfod DNA. Gyda nhw yn y llun hwn fe welwn eu model moleciwlaidd enwog o helics dwbl DNA.

1953 Darganfuwyd strwythur helics dwbl DNA (asid diocsiriboniwclëig) gan y biolegydd o Brydain, Francis Crick, a'r biolegydd Americanaidd James Watson. Dyma'r deunydd genetig sydd wedi'i gynnwys yng nghelloedd popeth byw. Tan y darganfyddiad hwn, nid oedd gwyddonwyr yn gwbl sicr beth oedd yn digwydd wrth i sberm ffrwythloni wy. Dangosodd DNA sut, mewn ffrwythloniad, mae gwybodaeth enetig y ddau riant yn cyfuno i greu unigolyn newydd a chwbl unigryw.

1957 Gwnaeth y meddyg o'r Alban, Ian Donald, ddefnydd arloesol o uwchsain i fonitro datblygiad baban heb ei eni yng nghroth menyw. Roedd ei beiriant yn defnyddio tonnau sain, a oedd yn rhy uchel i glustiau dynol eu clywed, i greu lluniau o organau y tu mewn i'r corff. Bu'r lluniau hyn yn gymorth i feddygon weld os oedd beichiogrwydd yn datblygu'n arferol ac i archwilio croth, ofarïau a thiwbiau Fallopio menyw, i weld a oedd unrhyw reswm posib dros anffrwythlondeb.

YN Y *lle anghywir*

Mae beichiogrwydd ectopig yn digwydd wrth i wy ffrwythlon ymblannu a dechrau tyfu y tu allan i groth menyw. Gall ddigwydd yn naturiol, yn ogystal ag ar ôl triniaeth ffrwythloni. Mae beichiogrwydd ectopig yn gyflwr peryglus iawn, oherwydd y gall y baban achosi gwaedu mewnol difrifol wrth dyfu, gan ladd y fam. Mae meddygon yn dod â beichiogrwydd ectopig i ben er mwyn osgoi peryglu bywyd y fam.

Llun pelydr-x lliw yn dangos tiwbiau Fallopio wedi'u difrodi. Yma, mae'r tiwb ar y dde (glas) wedi'i gau yn agos at y groth (triongl glas golau).

Steptoe i weithio ar driniaethau newydd i barau di-blant.

Roedd gan Dr Steptoe brofiad o ddefnyddio laparasgop i ymchwilio i anffrwythlondeb. Gyda'i gilydd, penderfynodd Steptoe ac Edwards ddefnyddio laparasgop i gasglu wyau ffrwythlon o ofarïau menywod. Yna, byddai'r wyau'n yn cael eu cymysgu gyda sberm yn y labordy er mwyn eu ffrwythloni. Er mwyn sicrhau bod eu cleifion yn cynhyrchu cyflenwad da o wyau, rhoddodd Edwards a Steptoe gyffuriau pwerus i ysgogi'r ofarïau i weithio.

1972 Gosododd Edwards a Steptoe yr wyau yr oeddent wedi'u ffrwythloni yn eu labordy yn ôl i mewn yng nghyrff y menywod a oedd â thiwbiau Fallopio wedi'u difrodi. Roeddent yn gobeithio y byddai'r wyau ffrwythlon yn ymblannu yn y groth, ac yn datblygu'n fabanod yn y ffordd arferol. Yn 1975, beichiogodd menyw o Brydain o'r enw Marlene Platt drwy ddefnyddio'r dechneg hon, ond yn drist iawn, roedd ei beichiogrwydd yn ectopig a bu'n rhaid ei derfynu.

> '*Rydw i wedi adennill fy hen egni o leiaf ... mae fy system draul a'm perfeddion hefyd wedi gwella'n sylweddol ... mae gwaith meddyliol yn llawer haws nag y bu ers blynyddoedd...*'
>
> Yr arbrofwr o Ffrainc, Charles Brown-Séquard, arloeswr cynnar ym maes astudio hormonau. Gwnaeth yr honiad uchod ar ôl iddo'i chwistrellu ei hun gyda sylwedd o geilliau moch cwta a chŵn yn 1889.

1965 Datblygwyd technegau newydd gan y biolegydd Prydeinig, Dr Robert Edwards, i drin menywod â thiwbiau Fallopio wedi'u difrodi. Cyn hynny, dim ond ar anifeiliaid y defnyddiwyd y fath dechnegau. Cynllun Edwards oedd cymysgu sberm gydag wyau anffrwythlon wedi'u casglu o ofarïau. Roedd wedi datblygu cyfrwng meithrin (cymysgedd o gemegau) lle'r oedd celloedd byw, fel wyau, yn gallu tyfu. Ond, roedd Edwards yn ei chael hi'n anodd cadw'r wyau anffrwythlon yn fyw ac ni fu'r dechneg yn llwyddiannus.

1966 Cydweithiodd Dr Edwards gyda'r gynecolegydd (meddyg yn arbenigo yn iechyd atgenhedlol menywod) o Brydain Dr Patrick

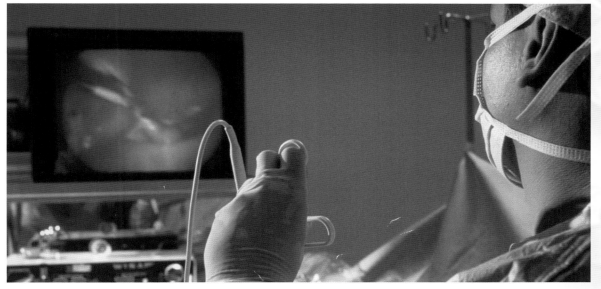

Bu Robert Edwards a Patrick Steptoe'n agos at gael llwyddiant gwyddonol ysgubol am flynyddoedd, ond a fyddent yn llwyddo i gyrraedd eu nod — sef genedigaeth gyntaf y byd trwy ffrwythloni artiffisial?

_ohn Brown, tad y baban profdiwb cyntaf, _ouise Joy Brown._

Pâr priod cyffredin oedd Lesley a John Brown. Roeddent yn byw ym Mryste, dinas yng ngorllewin Lloegr, lle'r roedd Mr Brown yn gweithio ar y rheilffyrdd. Nid torri record oedd eu bwriad, na bod yn enwog, na chymryd rhan mewn arbrofion, na bod yn arloeswyr. Ond, yn 1976, dyma nhw'n cymeryd penderfyniad eithriadol o beryglus a fyddai'n newid hanes meddygaeth ac yn rhoi gobaith i filiynau o ddarpar rieni o amgylch y byd.

GWYDDOR NEWYDD 1975

_el llawer o barau ifanc, penderfynodd Mr a Mrs Brown y byddent yn hoffi cael baban. Ond methodd Lesley â beichiogi. (Sylwodd meddygon yn ddiweddarach fod ganddi diwbiau _allopio wedi'u niweidio – un o achosion mwyaf _yffredin anffrwythlondeb.) Roedd y Browniaid yn _eisio am faban yn ystod cyfnod o ddatblygiadau _aruthrol mewn sawl maes o'r gwyddorau meddygol – er enghraifft, digwyddodd y trawsblaniadau calon _lynol cyntaf yn 1967, a chafodd hynny sylw mawr. _elly, oni fyddai rhywun yn gallu eu helpu?

YMWELIAD AG OLDHAM 1976

_wgrymodd meddyg a oedd wedi clywed am waith _rloesol Dr Edwards a Dr Steptoe y dylai Mr a Mrs _rown gysylltu â nhw. Roedd newyddion am eu _riniaeth 'IVF' arbrofol yn dechrau dod yn hysbys. _oedd Dr Steptoe'n gweithio yn Ysbyty Cyffredinol _ldham, ngogledd Lloegr. Yno, roedd ganddo'r holl _yfarpar ar gyfer cyflawni triniaeth IVF, megis deorydd _rbennig i gadw wyau ar y tymheredd cywir ar ôl eu _ynnu allan o gorff menyw. Roedd meddygon iau, _yrsys a bydwragedd Oldham hefyd yn brofiadol o _an gofalu am fenywod a oedd yn ceisio beichiogi _rwy ddefnyddio'r dechneg newydd. Gan obeithio _nai dyma fyddai eu cyfle i gael baban o'r diwedd, _ymwelodd y Browniaid ag Oldham i weld Dr Steptoe.

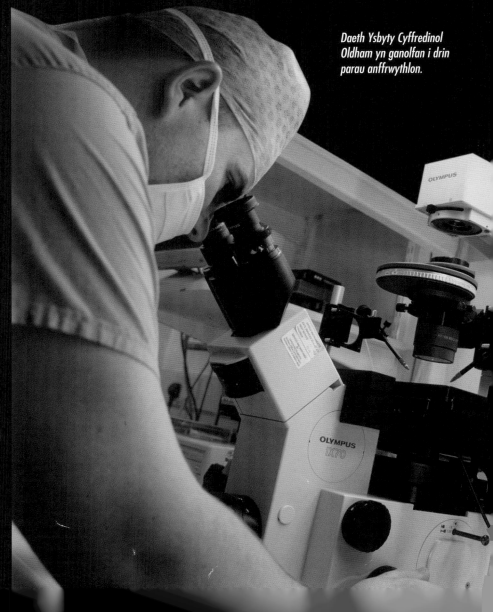

Daeth Ysbyty Cyffredinol Oldham yn ganolfan i drin parau anffrwythlon.

BARN *y bobl*

'Roedd yn gyfnod anodd iawn oherwydd bod natur ddynol yn gwneud i chi chwilio am rywun i'w feio, a doedd gen i neb i'w feio, dim ond fy nghorff. Roedd hi hyd yn oed yn anoddach ymdopi â'r ffaith fy mod yn rhoi fy ngŵr drwy'r artaith ddyddiol hon.'

Menyw yn dioddef poen emosiynol oherwydd ei hanffrwythlondeb.

'Am ryw bum wythnos cyn ein hymgais gyntaf, roeddwn i'n cael chwistrelliadau bob dydd. Fe ges i drafferth, yn feddyliol, i chwistrellu fy hun, ond doedd dim ond angen i mi feddwl, "Wel, os na wnei di hyn, chei di ddim babi", ac fe ymdopais â'r peth.'

Menyw a gafodd driniaeth IVF.

'Rydych ar bigau'r drain tan i chi gael gwybod gan y labordy faint o embryonau sydd wedi ffrwythloni... weithiau, er bod yr wyau a'r sberm yn edrych yn ardderchog, efallai y byddant wedi methu'n llwyr â ffrwythloni.'

Meddyg sy'n arbenigo mewn triniaethau anffrwythlondeb.

Y CLEIFION CYWIR 1977

Cyn y gallai'r driniaeth IVF ddechrau, roedd yn rhaid i Dr Steptoe sicrhau fod y Browniaid yn gleifion addas – yn gorfforol ac yn feddygol. A oeddent yn ifanc ac yn heini? A oeddent yn cynhyrchu wyau a sberm iach? A allent ymdopi â straen y driniaeth feddygol hirfaith, gyda chwistrelliadau a phrofion gwaed poenus, archwiliadau corfforol, cyffuriau pwerus a monitro parhaus gan feddygon? Roedd yn rhaid iddo'u rhybuddio hefyd nad oedd sicrwydd y byddai'r driniaeth yn llwyddo. Ar ôl bron i 80 ymgais, ac un terfyniad trist, nid oedd y driniaeth wedi cynhyrchu baban hyd yn hyn. A allent wynebu'r posibilrwydd o fethiant?

Rhoddwyd cyffuriau pwerus i'r Browniaid yn ystod y driniaeth, i roi hwb i'w cyfleoedd i greu baban.

Cytunodd Lesley a John Brown i fynd ymlaen gyda'r driniaeth IVF a gynigiwyd iddynt. Hyd yn oed heddiw, dros 30 mlynedd ar ôl y triniaethau IVF cyntaf, nid yw hwn yn benderfyniad rhwydd i barau anffrwythlon. Bryd hynny, roedd yn gam dewr i dir newydd, llawn peryglon.

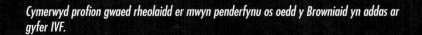

Cymerwyd profion gwaed rheolaidd er mwyn penderfynu os oedd y Browniaid yn addas ar gyfer IVF.

Y CYNLLUN

Roedd Dr Edwards a Dr Steptoe wedi gwneud cynlluniau manwl ar gyfer trin Mrs Brown. Ar ôl yr holl fethiannau blaenorol, penderfynon nhw newid y driniaeth. Yn hytrach na rhoi hormonau i Mrs Brown, i ysgogi ei hofarïau i greu llawer o wyau aeddfed, penderfynwyd monitro'i chylch misol, a 'medi' dim ond un wy ffrwythlon pan fyddai'n barod yn naturiol i gael ei ryddhau o'r ofari cyn teithio i lawr y tiwb Fallopio.

Byddai nyrsys yn mesur tymheredd Mrs Brown yn rheolaidd i ganfod amser perffaith i dynnu wy ohoni.

CASGLU WYAU

Amcangyfrifodd y meddygon pryd y byddai un o wyau Mrs Brown yn barod. Yna, rhoddwyd anaesthetig iddi, fel na fyddai'n teimlo poen, a gwnaethpwyd toriad bach yn ei habdomen. Yn ofalus, gwthiodd Dr Steptoe laparosgop drwy'r toriad hwn, ac archwiliodd ofarïau Mrs Brown. Fel yr oedd pawb yn ei obeithio, roedd wy ffrwythlon yno, yn barod i gael ei gasglu. Gan ddefnyddio'r laparosgop, tynnodd yr wy allan a'i roi i Dr Edwards, a oedd yn aros wrth ei ymyl. Rhoddodd Dr Edwards yr wy mewn dysgl wydr a'i gymysgu gyda rhywfaint o sberm Mr Brown, er mwyn i ffrwythloniad fedru digwydd. Yna, ychwanegodd gyfrwng meithrin arbennig (hylif). Bu hwn yn gymorth i'r wy a'r sberm aros yn fyw. Yn olaf, gosododd y ddysgl mewn deorydd i'w chadw ar yr un tymheredd â'r corff dynol (37°C).

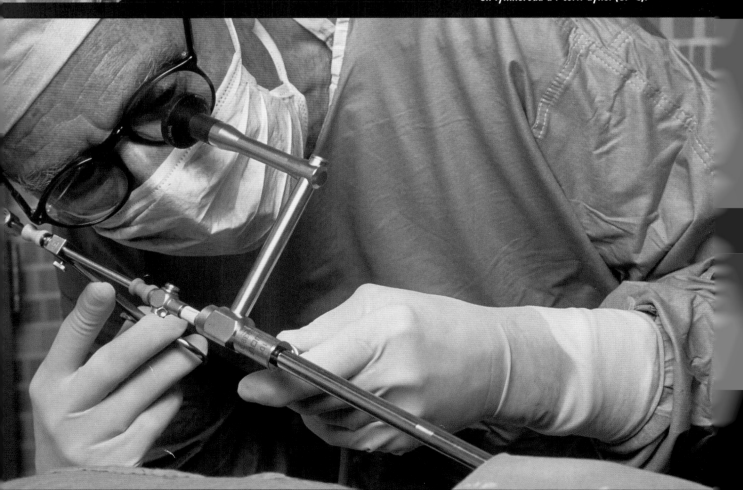

Defnyddiodd meddygon yn Ysbyty Cyffredinol Oldham laparosgop i gasglu wy aeddfed o gorff Mrs Brown.

BARN *y bobl*

A bod yn blwmp ac yn blaen, 'rhodd yw bod yn fam. Dydyn ni ddim yn ei haeddu; rydym yn cael ein bendithio â'r rhodd, a hynny weithiau ar ôl llawer o boen calon.'

Menyw yn dioddef poen emosiynol yn sgil anffrwythlondeb.

'Mae angen cwnsela nid yn unig yn ystod triniaeth IVF, ond wedi hynny. Roeddwn i'n gwybod, pe na bai'r driniaeth yn gweithio'r tro hwn, byddai angen help arnaf i dderbyn hynny ac i symud ymlaen a cheisio eto.'

Menyw a dderbyniodd driniaeth IVF.

'Perygl IVF yw, os na fyddwch yn beichiogi ar ôl y driniaeth, rydych yn debygol o fod yn siomedig ac yn ddigalon iawn.'

Meddyg sy'n arbenigo yn IVF.

FFRWYTHLONIAD

`11:11:77`

Archwiliodd Dr Edwards y ddysgl i weld os oedd y sberm wedi ffrwythloni'r wyau. Oedd! Roedd embryo newydd yn tyfu yno, ac roedd celloedd yr wy wedi dechrau ymrannu. Roedd deunydd genetig y sberm yn cyfuno gyda deunydd genetig yr wy. Er hyn, gwyddai'r tîm ei bod yn llawer rhy gynnar i ddathlu. Roedd rhan anoddaf a mwyaf peryglus y driniaeth eto i ddod.

Dechreuodd yr wy ymrannu, yn union fel y gobeithiodd y meddygon.

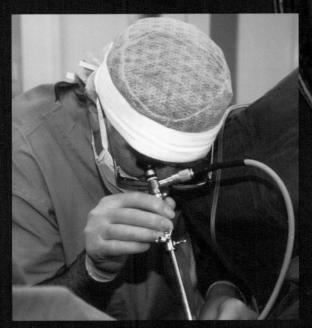

Rhoddodd y meddygon yr wy ffrwythlon yn ôl i mewn i gorff Mrs Brown.

DYCHWELYD YR WY

`13:11:77`

Mewn triniaethau blaenorol, arhosodd Dr Steptoe am bedwar neu bum niwrnod cyn rhoi'r embryo yn ôl yng nghorff menyw. Y tro hwn, ar ôl trafod gyda Dr Edwards, penderfynodd roi embryo Mrs Brown yn ôl i mewn i'w chorff ar ôl dim ond deuddydd a hanner. Cariwyd yr embryo drwy ei gwain i mewn i'r groth gyda thiwb plastig hyblyg. Ar ôl hynny, pe bai popeth yn mynd yn iawn, byddai'r embryo'n ymblannu ei hun i mewn i leinin y groth – a byddai Mrs Brown wedi beichiogi!

BARN *y bobl*

'Yn aml, y cyfnod hwn [14 diwrnod ar ôl rhoi'r embryo yn y groth] yw rhan anoddaf y cylch IVF i'r claf, oherwydd y gwewyr meddwl wrth aros i ganfod p'un ai a yw hi wedi beichiogi ... I lawer o gleifion, y 14 diwrnod hynny gan amlaf yw dyddiau hiraf eu bywydau!'

Meddyg yn Ysbyty Cyffredinol Oldham.

'Er i'm beichiogrwydd fynd yn rhwydd, roedd yn boenus yn emosiynol ... byddwn i wedi dwlu cael sgwrs gyda ... rhywun a allai ddweud bod fy holl bryderon yn normal, a'u bod nhw'n teimlo'r un peth....'

Menyw a oedd wedi derbyn triniaeth IVF.

'Bob tro y byddwch yn dechrau cylch [IVF], mae'n rhaid i chi obeithio am y gorau a pharatoi am y gwaethaf. Yn ddiddorol, rydym yn aml yn gweld fod parau sy'n mynd trwy ail gylch IVF yn llawer mwy ymlaciedig a'u teimladau dan reolaeth ... maen nhw'n fwy ymwybodol o'r holl fân gamau meddygol, ac wedi paratoi'n well ar eu cyfer'.

Meddyg yn Ysbyty Cyffredinol Oldham.

CAMAU BEICHIOGRWYDD

Os bydd menyw'n cenhedlu ac yn beichiogi, mae lefelau hormon o'r enw HCG yn codi yn ei chorff. Mewn triniaethau IVF, gellir mesur y rhain trwy gymryd sampl o waed, am tua 10 – 14 diwrnod ar ôl gosod embryo yn ei chroth. Cafodd lefelau hormonau Mrs Brown eu monitro'n ofalus, ac, erbyn dechrau Rhagfyr 1977, daeth yn amlwg ei bod wedi beichiogi. Roedd hwn yn gyfnod cyffrous – ond pryderus – i'r Browniaid a'r holl dîm meddygol. A fyddai'r driniaeth IVF hon yn gweithio, a chymaint ohonynt wedi methu yn y gorffennol? Am yr wyth mis nesaf, cafodd cyflwr Mrs Brown ei asesu trwy dechnegau, megis uwchsain ac amniosentesis. Gobeithiai pawb y byddai ei beichiogrwydd yn dilyn patrwm arferol.

Ffoetws 5 wythnos oed.

1-10 WYTHNOS

Mae'r embryo'n tyfu'n gyflym iawn yn ystod y cyfnod hwn. Mae'n newid o siâp penbwl i fod yn debyg i ffurf ddynol, ac mae ei faint yn cynyddu o tua maint gronyn o reis yn wythnos pedwar, i oddeutu 6 cm (2.5 modfedd) yn wythnos deg. Mae ei holl brif organau - megis yr ymennydd a'r ysgyfaint - yn datblygu, ei galon yn dechrau curo a'i waed yn dechrau llifo. Mae ganddo organau rhyw a breichiau a choesau bychain bach – gyda bysedd, bysedd traed a hyd yn oed olion bysedd!

11-20 WYTHNOS

Mae ysgerbwd yr embryo'n newid o gartilag meddal hyblyg, i esgyrn. Ar ôl y cyfnod hwn, caiff yn ei alw'n 'ffoetws'. Mae ei system dreulio'n datblygu, a dannedd yn ffurfio yn y deintgig. Erbyn 16 wythnos, gall ei lygaid adnabod goleuni a thywyllwch, a gall ei glustiau glywed synau uchel. Mae'n tyfu blew amrannau, aeliau ac ewinedd ac yn gallu symud, cyffwrdd, teimlo a chicio. Erbyn 20 wythnos, mae'n mesur tua 25 cm o hyd ac yn pwyso tua 350 g. Gall symud, cyffwrdd, teimlo a chicio.

21–30 WYTHNOS

Mae ymennydd y ffoetws yn tyfu ac yn dod yn fwy gweithgar. Ar ôl tua 23 – 24 wythnos, mae'n debygol ei fod yn gallu teimlo poen. Erbyn 28 wythnos, mae ei lygaid yn agored, mae ganddo glyw ardderchog, a gall adnabod llais ei fam. Mae ei groen yn fwy trwchus ac yn edrych yn dewach oherwydd ei fod yn crynhoi storfeydd o fraster a fydd yn gymorth i reoleiddio'i dymheredd ar ôl iddo gael ei eni. Mae ganddo batrymau rheolaidd o gysgu a dihuno, ac mae'n breuddwydio, fwy na thebyg. Erbyn 30 wythnos, mae'n mesur oddeutu 40 cm o hyd ac yn pwyso tua 1.5 kg.

Ffoetws 21 wythnos oed.

31–40 WYTHNOS

Ffoetws 32 wythnos oed.

Mae'r ffoetws yn magu llawer mwy o bwysau nawr – tua 225 g bob wythnos. Mae ei ysgyfaint yn tyfu ac yn paratoi i anadlu ocsigen. Gall ei lygaid ffocysu, gall ei ddwylo gydio, a gall ei draed symud fel petaent yn camu. Mae'n ymateb i gerddoriaeth, a gall droi ei ben i edrych o gwmpas. Erbyn 40 wythnos, mae'n barod i gael ei eni.

Dr Edwards a Dr Steptoe mewn cynhadledd i'r wasg i roi'r newyddion diweddaraf am Mrs Brown.

Y CYHOEDD YN TEIMLO'N ANESMWYTH

Bob wythnos, roedd beichiogrwydd Mrs Brown yn datblygu. Cadwodd yn iach, a dangosai'r profion fod y ffoetws yn ei chroth yn datblygu'n normal. Ond, pan gyhoeddodd Dr Edwards a Dr Steptoe fod eu triniaeth wedi llwyddo i feichiogi menyw, a bod y beichiogrwydd yn datblygu'n dda, cafwyd ymateb cymysg o sioc, syndod a phryder. Roedd llawer o bobl yn chwilfrydig ac yn llawn edmygedd o'r meddygon, ond roedd llawer hefyd yn ddrwgdybus. Poenai rhai bod yr wy neu'r embryo ffrwythlon wedi cael ei niweidio trwy fod allan o'r groth am ychydig ddyddiau, ac y byddai gan y baban anableddau difrifol. Rhybuddiai eraill am beryglon 'ymyrryd â natur' neu 'geisio bod yn Dduw', gan broffwydo y gallai anghenfil gael ei eni.

PROBLEM BERYGLUS

25:7:78

Cyfrifodd Dr Steptoe fod baban Mrs Brown yn barod i gael ei eni ar Awst y 3ydd, 1978 – felly roedd diwedd y beichiogrwydd o fewn golwg. Teimlai bawb ryddhad wrth weld popeth yn digwydd mor hwylus. Ni allent fod wedi disgwyl gwell ar ddechrau'r driniaeth IVF. Ond yn sydyn, daeth problemau i'r amlwg. Dangosodd profion arferol fod Mrs Brown yn dioddef o wenwyn gwaed. Dyma gyflwr (a elwir yn cyneclampsia heddiw) sy'n gallu codi pwysedd gwaed i lefelau uchel dros ben. Gwyddai Dr Steptoe, pe na bai'n cael ei drin, y gallai arwain at gyflwr llawer mwy difrifol, ac y gallai achosi marwolaeth Mrs Brown a'i baban oedd heb ei eni.

LLAWDRINIAETH

22:00

Penderfynodd Dr Steptoe na fyddai'n ddiogel i ganiatáu i feichiogrwydd Mrs Brown barhau. Rhoddodd lawdriniaeth iddi – o'r enw toriad Cesaraidd – i eni'r baban ac i geisio atal problemau eraill rhag datblygu. Yn hwyr gyda'r nos, aethpwyd â Mrs Brown i'r theatr, ar y cyd â chriw camera. Mewn llawdriniaeth Gesaraidd, rhoddir anaesthetig lladd poen i'r fam, ac mae'r meddyg yn agor ei habdomen yn ofalus, ac yna'n agor y groth. Mae cynorthwyydd yn tynnu'r baban allan o'r groth ac yn sicrhau ei fod yn anadlu, tra bo'r meddyg yn pwytho'r toriadau fel y byddant yn gwella'n gyflym ac yn daclus.

Geni baban trwy lawdriniaeth Gesaraidd.

BARN *y bobl*

'*Rydw i mor hapus, allwn i grïo. Roedd y cyfan fel breuddwyd.*'

Mr Brown.

'*Mae'n faban prydferth. Mae ganddi ychydig bach bach o wallt ...*'

Person camera a ffilmiodd yr enedigaeth.

'*O fewn pum eiliad i'r enedigaeth, rhoddodd hi floedd fawr – y floedd fwyaf a glywyd erioed gan faban*'.

Dr Edwards.

'*Welais i erioed ddyn wedi cyffroi gymaint ag ef.*'

Gweithiwr yn yr ysbyty, yn siarad am Mr Brown.

'*Mrs Brown You've Got a Lovely Daughter.*'

Geiriau cân boblogaidd, a ddyfynnwyd yn helaeth ar y pryd.

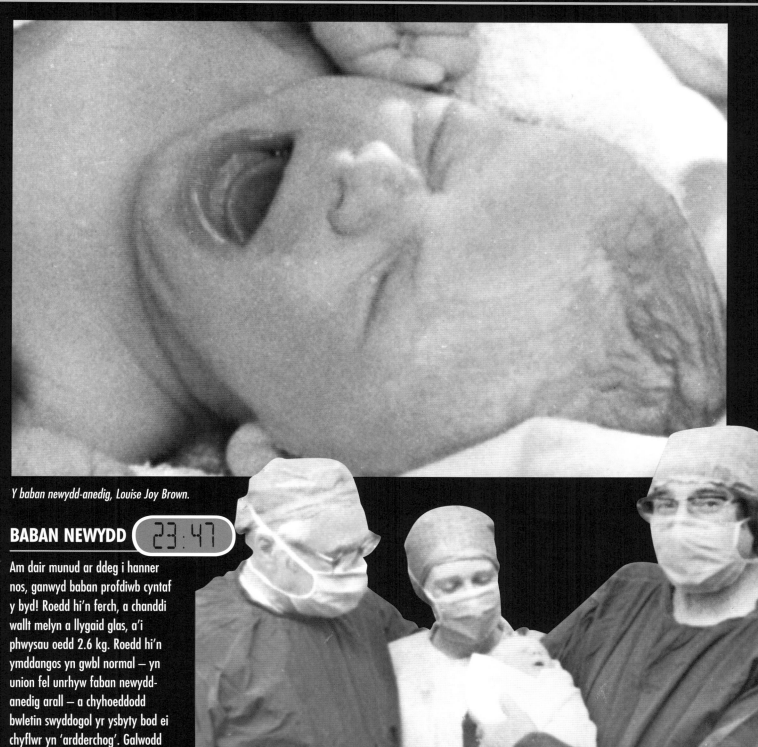

Y baban newydd-anedig, Louise Joy Brown.

BABAN NEWYDD 23:47

Am dair munud ar ddeg i hanner nos, ganwyd baban profdiwb cyntaf y byd! Roedd hi'n ferch, a chanddi wallt melyn a llygaid glas, a'i phwysau oedd 2.6 kg. Roedd hi'n ymddangos yn gwbl normal — yn union fel unrhyw faban newydd-anedig arall — a chyhoeddodd bwletin swyddogol yr ysbyty bod ei chyflwr yn 'ardderchog'. Galwodd ei rhieni hi'n 'Louise', gan roi ail enw iddi, a oedd yn fynegiant clir o'u teimladau hwy a'r holl dîm IVF, sef 'Joy'.

Y ferch fach yn cael ei rhoi i'w rhieni balch.

Pan gyhoeddwyd y newyddion, prin iawn oedd y bobl na allai rannu llawenydd Mr a Mrs Brown, ar ôl iddynt gael yr hyn y buont yn dyheu mor hir amdano, sef plentyn. Roedd llawer o wleidyddion, gwyddonwyr a sylwebwyr hefyd yn awyddus iawn i longyfarch Dr Steptoe a Dr Edwards am lwyddiant IVF cyntaf y byd, gan arddangos arbenigedd Prydain yn y maes.

> Yn 1978, cyhoeddwyd genedigaeth Louise Brown mewn penawdau dramatig ar bapurau newydd ledled y byd. Cyhoeddodd Associated Press ei bod yn
>
> '... blentyn gwyrthiol...'
>
> Yn y cylchgrawn Good Housekeeping, disgrifiwyd y newyddion fel
>
> '... yr enedigaeth fwyaf eithriadol yn hanes y ddynoliaeth...'

Llawenydd

Cafodd Louise ei disgrifio fel 'baban gwyrthiol'. Daeth ei genedigaeth â gobaith newydd i filiynau o barau ledled y byd wrth i feddygon ddysgu oddi wrth dechnegau Dr Edwards a Dr Steptoe, a'u hefelychu. I lawer o bobl, roedd hyd yn oed y posibilrwydd o gael triniaeth IVF yn rhoi cysur mawr iddynt. Fel yr esboniodd un meddyg, 'Mae bod yn ddi-blant yn boen na ellir ei ddisgrifio, ac mae'r llawenydd ar ôl i bâr anffrwythlon eni plentyn hefyd yn amhosibl i'w ddisgrifio'. Pe bai angen prawf pellach o'r datganiad hwn, cytunodd John a Lesley Brown i gael triniaeth IVF am yr eildro i gwblhau eu teulu — gan eni chwaer i Louise, o'r enw Natalie.

Mamolaeth

Mae'r gallu i gael plant yn arbennig o bwysig mewn rhai cymdeithasau traddodiadol, megis yn India. Fel y dywedodd Dr Brij Kalyan, meddyg o'r Hope Infertility Clinic yn Bangalore, yn 1994, 'IVF yw'r peth gorau a allai ddigwydd i'r fenyw Indiaidd, sydd o dan bwysau aruthrol o sawl cyfeiriad i genhedlu a chynhyrchu plentyn i brofi ei benywdod'. Ond nid oedd pob menyw yn cytuno. Dadleuai rhai ffeministiaid y dylai anffrwythlondeb gael ei weld fel problem gymdeithasol, yn hytrach na phroblem feddygol. Credent y dylai menywod gael eu gwerthfawrogi er eu mwyn eu hunain, nid dim ond fel mamau i'r genhedlaeth nesaf.

Gyda balchder, cyflwynwyd Louise i sylw'r byd gan Mr a Mrs Brown. Roedd baban mor iach ac arferol yr olwg yn gysur i lawer o bobl a fu'n poeni y byddai'r dechneg chwyldroadol yn cynhyrchu 'anghenfil'.

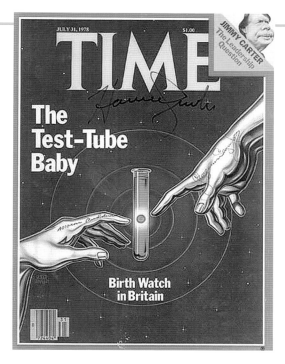

Cam ymlaen Wrth i'r newyddion am enedigaeth Louise ledaenu ar draws y byd, fe'i disgrifiwyd fel cam arloesol ymlaen, yn enwedig gan feddygon eraill a oedd wedi bod yn gweithio i helpu parau anffrwythlon. Sylweddolwyd hefyd y gallai fod dibenion eraill i'r technegau a ddatblygwyd gan Edwards a Steptoe i gadw wyau, sberm ac embryonau'n fyw ac yn iach y tu allan i'r corff dynol.

Yn y llun hwn, gwelwn Elizabeth Jordan Carr, baban profdiwb cyntaf America, yn darllen gyda'i mam. Cafodd ei geni yn Norfolk, Virginia, UDA, ym mis Rhagfyr 1981.

Defnyddiau eraill Roedd defnydd pellach ar gyfer technegau IVF, megis bridio moch neu geffylau pedigri. Fe'u croesawyd gan ffermwyr a bridwyr stoc, a oedd yn sylweddoli fod posibilrwydd o hynny ymlaen i baru anifeiliaid o wahanol wledydd heb yr anawsterau a'r peryglon o gludo da byw gwerthfawr drwy'r awyr neu dros y môr.

Dyfodol brawychus? Roedd defnydd mwy dadleuol yn cael ei wneud o'r technegau IVF hefyd, yn cynnwys arbrofion gyda pheirianneg genetig lle byddai gwyddonwyr, er enghraifft, yn ceisio creu planhigion na fyddai'n cael eu difrodi gan rew neu bryfed. Bellach, mae'n bosibl i wyddonwyr sgrinio embryonau i ganfod 'nam' megis afiechydon etifeddol, cyn eu gosod yn ôl yng nghyrff menywod. Roedd llawer o bobl yn pryderu y byddai hyn yn ei gwneud yn rhy rhwydd i greu 'babanod i gynllun', sef babanod wedi'u dewis o embryo ar sail eu cryfder, eu deallusrwydd neu'u harddwch posib.

> Mewn cyfweliad gyda Minnesota Public Radio yn 1998, cyhoeddodd y gynaecolegydd Americanaidd blaenllaw, Howard Jones:
>
> '... gydag un driniaeth, yn sydyn daeth modd i oresgyn nifer fawr o anawsterau a oedd yn ymddangos yn gwbl anorchfygol cyn hynny.'
>
> Gyda'i wraig Georgeanna (a oedd hefyd yn gynaecolegydd), perfformiodd Howard Jones driniaeth IVF lwyddiannus cyntaf yr Unol Daleithiau yn 1981. Yn y 1960au, bu canfyddiadau eu hymchwil yn gymorth i Dr Edwards gyda rhai o'i arbrofion cynnar ym maes ffrwythlondeb.

CHWARAE *Duw*

Roedd rhai pobl yn poeni ynglŷn â'r hyn y gallai'r driniaeth IVF arwain ato – hyd yn oed meddylwyr radical megis y gwleidydd Llafur Prydeinig, Leo Abse. Roedd e'n adnabyddus am gefnogi ymgyrchoedd i ddiwygio cyfreithiau Prydain ynglŷn â phlant, ysgariad, cynllunio teulu a gwrywgydiaeth. Ond yn 1978, pan aned Louise Brown, meddai: *'Y mater dan sylw yw i ba raddau y dylem chwarae Duw, ac i ba raddau yr ydym am drin dynol ryw yn yr un modd â phe baem yn magu anifeiliaid'.*

Mae llawer o ffilmiau wedi'u seilio ar nofel glasurol Mary Shelley, Frankenstein. Mae hon yn llawer mwy na stori arswyd, gan ei bod yn ymchwilio goblygiadau gwyddoniaeth yn ymyrryd â natur.

Yn 1932, cyhoeddodd y nofelydd o Brydain, Aldous Huxley, nofel o'r enw *Brave New World*. Ynddi, dychmygodd wlad lle roedd babanod yn cael eu masgynhyrchu mewn ffatrïoedd, fel ceir. Roeddent yn cael eu cenhedlu mewn profdiwbiau, ac yn cael eu tyfu mewn jariau gwydr mawr nes eu bod yn barod i gael eu geni. Roedd genedigaethau'n cael eu trefnu gan y wladwriaeth, a babanod yn cael eu peiriannu'n enynnol i fod yn ddefnyddiol ac yn ufudd. Gwaharddwyd beichiogrwydd naturiol a theimladau dynol megis cariad rhiant at blentyn. Ysgrifennodd Huxley ei lyfr fel modd o feirniadu ei oes ei hun. Ond yn 1978, ar ôl geni Louise Brown, roedd rhai pobl yn pryderu y byddai ei weledigaeth hunllefus yn dod yn wir.

Geni anghenfil?
Cafodd genedigaeth Louise ei chymharu â stori Mary Shelley, *Frankenstein*, gan rai pobl. Fe'i cyhoeddwyd yn 1818, ac mae'r llyfr yn adrodd stori myfyriwr meddygaeth sy'n rhoi rhannau corff at ei gilydd yn ei labordy, gan greu anghenfil afreolus. Roedd rhai pobl yn credu fod Louise yn anghenfil hefyd – er i'r profion meddygol brofi ei bod yn 'normal' ym mhob ffordd. Roeddent yn poeni na fyddai'n datblygu'n iawn, y byddai'n dioddef salwch genetig heb obaith am iachâd, neu y byddai'n heneiddio'n gynnar.

Sombi gyda phwerau seicig?
Credai ambell un fod meddwl Louise Brown wedi cael ei newid drwy'r driniaeth IVF, a bod ganddi bwerau seicig. Roeddent yn honni y gallai symud gwrthrychau drwy ddim ond edrych arnynt! Dadleuodd un grŵp, oherwydd nad oedd Louise wedi cael ei chenhedlu yn ôl dymuniad Duw, ei bod hi'n 'gragen wag' – fel sombi heb enaid.

Torri cyfraith
Yn ôl llawer o feirniaid IVF, roedd y driniaeth yn torri cyfreithiau dynol a sanctaidd, a byddai pawb a oedd yn rhan o'r peth yn cael eu cosbi o ganlyniad gan ddigwyddiadau yn y

CARL LAEMMLE presents
FRANKENSTEIN
THE MAN WHO MADE A MONSTER

COLIN CLIVE, MAE CLARKE
JOHN BOLES, BORIS KARLOFF,
DWIGHT FRYE, EDWARD VAN SLOAN & FREDERIC KERR.
Based upon the Mary Wollstonecroft Shelley Story
Adapted by JOHN L. BALDERSTON from the play by PEGGY WEBLING

DIRECTED BY ... JAMES WHALE
PRODUCED BY ... CARL LAEMMLE, JR.
A UNIVERSAL PICTURE

dyfodol, neu gan natur. Er enghraifft, dysgai'r Eglwys Babyddol fod ffyrdd annaturiol o genhedlu plant yn anghywir, gan rybuddio fod 'gwyddoniaeth heb gydwybod yn sicr o arwain at gwymp y ddynoliaeth'. Dadleuai seicolegwyr y gallai babanod IVF deimlo fod rhywbeth rhyfedd, abnormal neu gywilyddus ynglŷn â'r ffordd y cawsant eu cenhedlu, ac y gallai hyn ddinistrio'u bywydau. Yn UDA, ceisiodd protestwyr annog y senedd i wahardd triniaethau IVF yn gyfan gwbl.

CAM I'R *tywyllwch*

Roedd llawer o wyddonwyr yn edmygu technegau Edwards a Steptoe, ond roeddent yn dal yn ofalus wrth groesawu techneg y baban profdiwb. Roeddent yn sylweddoli y gallai IVF arwain at ganlyniadau annisgwyl. Yn 1978, crynhodd un arbenigwr geneteg eu barn: '*Pan fo dyn yn ymbalfalu wrth ffynhonnell bywyd, ni all hyd yn oed ffisegwr gwych fel Dr Steptoe wybod y canlyniadau ymlaen llaw.*'

Pryderon Meddygol

Roedd hyd yn oed arbenigwyr meddygol yn bryderus. Roeddent yn poeni y gallai IVF achosi problemau difrifol, heb ragor o wybodaeth a rheolau cyfreithiol llymach. Gallai babanod gael eu geni gydag anableddau pe bai wyau, sberm neu embryonau'n cael eu niweidio'n ddamweiniol yn y labordy. A gallai menywod a oedd yn derbyn IVF gytuno i gael triniaethau newydd a mwy peryglus, a pheryglu eu bywydau oherwydd eu dyhead ysol i gael plentyn. Rhybuddiodd arbenigwyr y gallai IVF achosi problemau difrifol, heb ganllawiau moesegol a rheolau cyfreithiol llymach.

Roedd y ffilm Terminator *(1984) yn dychmygu dyfodol lle roedd y ddynoliaeth wedi colli rheolaeth ar ei thechnoleg, a chymdeithas dan reolaeth creaduriaid brawychus o'r enw cyborgs, sef hanner dyn a hanner peiriant.*

Heddiw, ar ddechrau'r unfed ganrif ar hugain, mae technegau IVF wedi datblygu a gwella'n fawr. Gall meddygon reoli hormonau menywod mewn ffordd manwl gywir, a gallant hefyd wella pŵer ffrwythloni sberm dynion. Mewn llawer o wledydd, nid yw IVF yn driniaeth gyffredin a derbyniol. Nid oes neb yn gwybod yr union rif, ond mae arbenigwyr o'r farn fod dros hanner miliwn o fabanod IVF wedi cael eu geni ledled y byd.

Grŵp o blant IVF a'u rhieni yn mwynhau cymdeithasu gyda'i gilydd ger cerflun 'The Angel of the North' yng ngogledd Lloegr.

ZIFT a GIFT Mae meddygon hefyd wedi defnyddio'r wybodaeth a ddysgwyd drwy driniaethau IVF cynnar i ddatblygu technegau newydd i drin anffrwythlondeb. Mae'r rhain yn cynnwys ZIFT – proses lle caiff wy wedi'i ffrwythloni mewn dysgl wydr ei roi bron yn syth i mewn i diwb Fallopio menyw, yn hytrach na'i chroth. Mae meddygon yn credu bod hyn yn ei alluogi i ddatblygu'n fwy naturiol. Mae techneg debyg, o'r enw GIFT, yn rhoi wy a ddewiswyd yn ofalus ynghyd â sberm wedi'i ddethol ar wahân i mewn i diwb Fallopio'r fenyw, er mwyn i'r ffrwythloniad ddigwydd yno. Mae'r ddwy dechneg yn golygu llawdriniaethau eithaf cymhleth. Gallant weithio'n dda, ond nid oes prawf eto eu bod yn fwy llwyddiannus nag IVF.

TRINIAETH *gyffredin*

Mae IVF bellach yn driniaeth gyffredin – o leiaf, mewn gwledydd cyfoethog. Yn 1998, 20 mlynedd ar ôl genedigaeth Louise Brown, adroddodd newyddiadurwr radio o America: 'Mae dros 350 o glinigau Americanaidd yn cyflawni'r driniaeth tua 40,000 o weithiau bob blwyddyn. Gallwn amcangyfrif fod 45,000 o blant Americanaidd wedi'u cenhedlu trwy IVF er 1981'.

Cafodd y prawf beichiogrwydd syml, dros-y-cownter hwn, sydd ar gael mewn unrhyw fferyllfa, ei ddatblygu trwy ymchwil yn gysylltiedig ag IVF. Mae'r prawf yn nodweddiadol o'r modd y mae'r dechnoleg wedi cael gwared ar lawer o'r ffactorau ynglŷn â beichiogrwydd a oedd yn anhysbys ac yn amhosibl eu rhagweld.

ICSI

Yn y 1990au, dyfeisiodd meddygon driniaeth anffrwythlondeb newydd, gan ddefnyddio technegau anhygoel o fanwl i drin wyau a sberm. Enw'r driniaeth yw Chwistrelliad Sberm Mewnsytoplasmig, neu *Intracytoplasmic Sperm Injection* (ICSI), ac mae'r broses yn ynysu un sberm, trwy ei godi â nodwydd fân iawn, a'i chwistrellu i mewn i wy menyw, er mwyn i'r ddau beth uno a ffrwythloni. Gobaith llawer o feddygon yw y bydd ICSI yn dod yn fwy llwyddiannus nag IVF, yn enwedig yn yr achosion hynny pan fo problemau gyda sberm y dyn.

Rhannu ffrwythlondeb

Mae gwybodaeth newydd am ffrwythlondeb, a ddysgwyd trwy IVF, hefyd yn cael ei ddefnyddio i helpu parau nad ydynt yn gallu cael plant, hyd yn oed trwy ddefnyddio'r dechneg hon. Os yw'r wyau neu'r sberm wedi'u difrodi, gall y fenyw dderbyn wyau iach gan roddwr. Mewn rhai gwledydd, megis UDA, gall menywod anffrwythlon feichiogi trwy dderbyn embryonau gan bâr arall, wedi'u ffrwythloni yn y labordy gan ddefnyddio wyau a sberm gan roddwyr.

Defnyddiau eraill

Mae technegau monitro manwl, megis uwchsain, a ddefnyddiwyd i ddatblygu triniaeth IVF, hefyd wedi helpu i achub bywydau llawer o fenywod beichiog a'u babanod heb eu geni. Trwy astudio hormonau menywod yn ddwys, bu modd hefyd i ddyfeisio triniaethau newydd ar gyfer llawer o afiechydon difrifol sy'n effeithio ar fenywod, megis cancr y fron. Er 1978, mae IVF wedi dod â llawenydd mawr i lawer o deuluoedd. Bellach, a'r babanod IVF cyntaf wedi tyfu'n oedolion iach, mae'n amlwg fod y pryderon cynnar am 'blant anghenfilaidd' neu 'deuluoedd Frankenstein' yn gwbl ddi-sail. Ond mae llawer yn dal i feirniadu IVF. Pam?

Cost uchel

Mae IVF yn ddrud iawn. Ar gyfartaledd, mae pob ymgais i genhedlu'n costio rhwng £2,000-£3,000. Yn y DU ac mewn gwledydd eraill a chanddynt wasanaeth iechyd gwladol, nid yw IVF bob amser yn cael ei ddarparu gan y wladwriaeth. Mewn gwledydd lle mae teuluoedd yn dibynnu ar gynlluniau yswiriant iechyd preifat, nid yw'r rhain fel arfer yn talu am IVF. O ganlyniad, ni all parau tlawd fforddio triniaethau ffrwythlondeb, ac mae'r cyfle i gael plant drwy'r driniaeth syfrdanol hon yn fraint i'r cyfoethog yn unig.

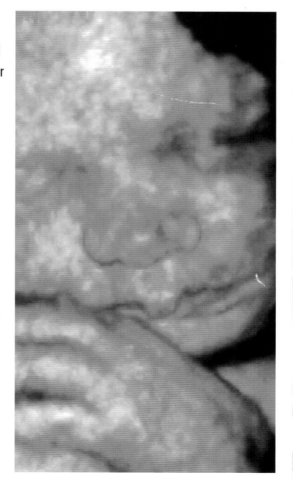

'... dim ond ers datblygiad arloesol IVF y mae llawer o barau a fyddai wedi aros yn ddi-blant wedi medru profi llawenydd naturiol bod yn rhiant. Cafodd fy ngefeilliaid, merch a bachgen, eu geni'n iach ym mis Chwefror 1998, y teulu y breuddwydiais amdano erioed, er i'r plant gymryd mwy o amser na'r disgwyl. Gofynnwch i mi... beth oedd genedigaeth Louise Brown yn ei olygu i mi ac fe ddywedaf i wrthoch chi, fe newidiodd fy mywyd.'

Menyw o Brydain a ddaeth yn fam ar ôl triniaeth IVF lwyddiannus.

Mae uwchsain yn broses a ddatblygwyd i fonitro IVF. Caiff mewnchwilydd ei symud dros abdomen y fenyw, gan drosglwyddo delwedd o'r ffoetws i'r sgrin.

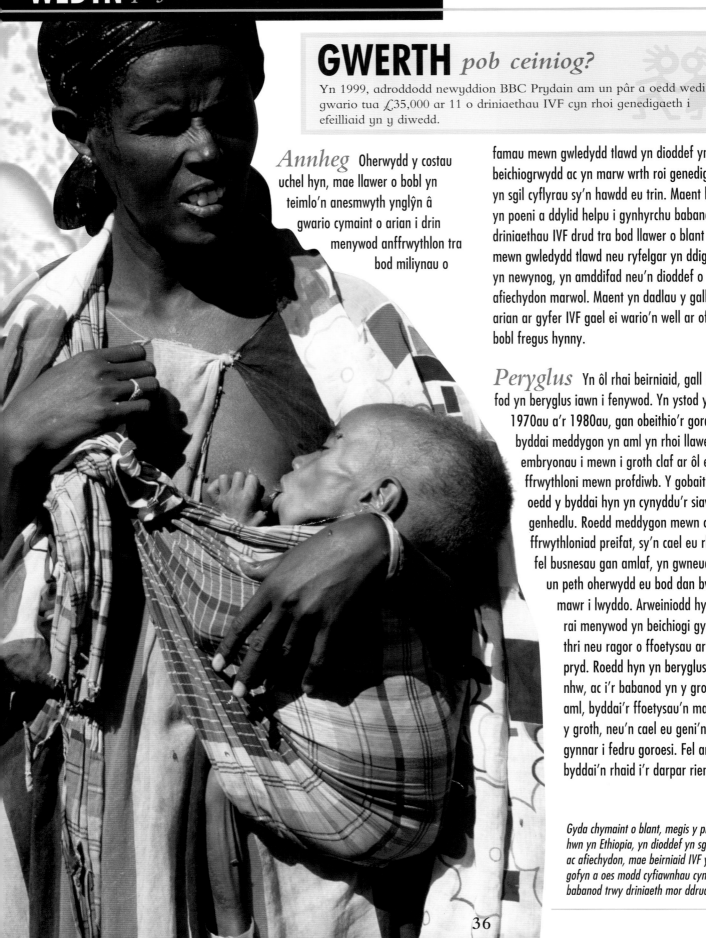

GWERTH *pob ceiniog?*

Yn 1999, adroddodd newyddion BBC Prydain am un pâr a oedd wedi gwario tua £35,000 ar 11 o driniaethau IVF cyn rhoi genedigaeth i efeilliaid yn y diwedd.

Annheg Oherwydd y costau uchel hyn, mae llawer o bobl yn teimlo'n anesmwyth ynglŷn â gwario cymaint o arian i drin menywod anffrwythlon tra bod miliynau o famau mewn gwledydd tlawd yn dioddef yn ystod beichiogrwydd ac yn marw wrth roi genedigaeth yn sgil cyflyrau sy'n hawdd eu trin. Maent hefyd yn poeni a ddylid helpu i gynhyrchu babanod trwy driniaethau IVF drud tra bod llawer o blant ifanc mewn gwledydd tlawd neu ryfelgar yn ddigartref, yn newynog, yn amddifad neu'n dioddef o afiechydon marwol. Maent yn dadlau y gallai'r arian ar gyfer IVF gael ei wario'n well ar ofal i'r bobl fregus hynny.

Peryglus Yn ôl rhai beirniaid, gall IVF fod yn beryglus iawn i fenywod. Yn ystod y 1970au a'r 1980au, gan obeithio'r gorau, byddai meddygon yn aml yn rhoi llawer o embryonau i mewn i groth claf ar ôl eu ffrwythloni mewn profdiwb. Y gobaith oedd y byddai hyn yn cynyddu'r siawns i genhedlu. Roedd meddygon mewn clinigau ffrwythloniad preifat, sy'n cael eu rhedeg fel busnesau gan amlaf, yn gwneud yr un peth oherwydd eu bod dan bwysau mawr i lwyddo. Arweiniodd hyn at rai menywod yn beichiogi gyda thri neu ragor o ffoetysau ar yr un pryd. Roedd hyn yn beryglus iddyn nhw, ac i'r babanod yn y groth. Yn aml, byddai'r ffoetysau'n marw yn y groth, neu'n cael eu geni'n rhy gynnar i fedru goroesi. Fel arall, byddai'n rhaid i'r darpar rieni wneud

Gyda chymaint o blant, megis y plentyn hwn yn Ethiopia, yn dioddef yn sgil newyn ac afiechydon, mae beirniaid IVF yn gofyn a oes modd cyfiawnhau cynhyrchu babanod trwy driniaeth mor ddrud.

penderfyniad anodd i ofyn i'r meddygon ladd rhai o'r ffoetysau y tu mewn i gorff y fenyw, er mwyn rhoi cyfle i rai o'r lleill oroesi.

Anableddau

Pe bai babanod trwy 'feichiogi lluosog' yn llwyddo i oroesi, yn aml byddai ganddynt anableddau meddyliol neu gorfforol difrifol. Heddiw, mae llawer o wledydd yn cyfyngu ar y nifer o embryonau y gellir eu rhoi yn y groth i dri, ac mae'n well gan rai meddygon ddefnyddio dim ond un neu ddau. Yn ddiweddar, mae beirniaid technegau anffrwythlondeb newydd megis ICSI yn poeni y gallai'r dulliau hyn arwain at lawer o fabanod yn cael eu geni ag afiechydon genetig.

Moeseg

Yn ogystal ag achosi dadleuon meddygol, mae IVF a thriniaethau ffrwythlondeb eraill yn ysgogi trafodaethau mawr ynglŷn â'r modd yr ydym yn defnyddio canfyddiadau gwyddonol a meddygol, gan godi dadleuon am hawliau dynol hyd yn oed. Mae pobl yn gofyn cwestiynau am ddiben cariad, rhyw a phriodas, ac ynglŷn â hawliau a dyletswyddau rhieni. Mae rhai'n mynd mor bell â honni fod triniaethau ffrwythlondeb yn fygythiad i wareiddiad.

Methiant poenus

O'r dechrau, mae IVF wedi cael ei feirniadu am roi parau o dan straen aruthrol. Gall godi gobeithion afrealistig, a'u chwalu'n greulon. Gall fod yn boenus – yn gorfforol ac yn emosiynol. Dim ond 22% o bob triniaeth IVF sy'n llwyddo, sy'n golygu fod y rhan fwyaf o barau sy'n rhoi cynnig arni'n profi methiant, dro ar ôl tro. Gall y methiant hwn arwain at iselder ysbryd, a rhoi straen mawr ar berthnasau.

Y newyddiadurwraig o Brydain, Liz Tilberis (a welwn ar y dde yn y llun), cyn olygydd cylchgrawn Vogue. Credai mai triniaethau ffrwythlondeb oedd yn gyfrifol am achosi cancr yr ofarïau. Bu'n feirniadol o bobl a oedd yn amharod i dderbyn fod y driniaeth yn gallu bod yn niweidiol i lawer o fenywod.

WERTH *marw drosto?*

Mae rhai pobl hyd yn oed yn credu fod y driniaeth hormonau a ddefnydddir i ysgogi ofarïau menyw yn ystod triniaeth IVF yn gallu ysgogi afiechydon difrifol yn ei horganau atgenhedlu. Er enghraifft, credai'r newyddiadurwraig o Brydain, Liz Tilberis, mai'r naw triniaeth IVF a gafodd cyn geni ei meibion a achosodd y cancr a ddatblygodd yn ei hofarïau. Bu farw o'r cancr hwnnw yn 1999. Yn ôl meddygon, ni allant ganfod tystiolaeth i gefnogi ei barn, ond mae'r ymchwil yn parhau.

Mae llawer o fenywod yn teimlo'n 'anghyflawn' o fethu cael eu plant eu hunain. Mae llawer yn teimlo bod yn rhaid iddynt roi cynnig ar IVF, fel 'cyfle olaf', oherwydd ei fod ar gael. Mae'r ffaith eu bod wedi buddsoddi cymaint o amser ac arian ynddo yn aml yn gwneud iddynt deimlo'n llawer gwaeth os bydd yn aflwyddiannus.

Yr hawl i gael plentyn? Mae rhai pobl yn dadlau fod IVF yn helpu parau i gyflawni eu 'hawl' i gael plentyn. Dywed eraill nad oes y fath hawl ar gael, ond yn hytrach, y dylai dynion a menywod ddysgu derbyn eu hanffrwythlondeb gydag urddas. I lawer, mae'n frawychus clywed am fenywod yn beichiogi trwy IVF, flynyddoedd ar ôl eu hoedran naturiol i genhedlu, fel y digwyddodd yn achos un Eidales 62 mlwydd oed. Ond cafodd yr enedigaeth hon ei chroesawu gan arloeswr y profdiwb, Dr Robert Edwards, a ddywedodd, '... nid yw'r menywod (hŷn) eu hunain yn credu bod hyn yn ddrwg ac rwy'n credu ... y dylid eu cefnogi nhw'.

Dyma berson ifanc sy'n dioddef o ffibrosis y bledren, sef clefyd etifeddol sy'n gallu achosi heintiau anadlol. Mae gwyddonwyr yn credu y gallai ei gyflwr gael ei wella un dydd trwy ddefnyddio'r ymchwil dadleuol sy'n cael ei wneud gydag embryonau.

DERBYN *ffawd*

Gall gwybodaeth feddygol well a ddysgwyd trwy IVF fod o gymorth i feddygon geisio deall pam mae rhai parau'n anffrwythlon. Ond ni all helpu dynion a menywod anffrwythlon bob amser, wrth iddynt geisio ymdopi â'r ymdeimlad o annhegwch sy'n eu poeni. Yn aml, byddant yn gofyn, 'pam fi?' Yn 1998, dywedodd yr Athro Ian Croft, arbenigwr ffrwythlondeb o Lundain: '*Cyn IVF, roedd pobl yn derbyn eu sefyllfa, gan na allent wneud unrhyw beth ynglŷn â'r mater. Nawr, maent yn cwestiynu'r mater.*'

Weithiau, bydd y carfannau sy'n gwrthwynebu erthyliad, yn lobïo llywodraethau ac yn gweithredu'n uniongyrchol. Teimla'r grwpiau hyn fod agweddau moesol – ynglŷn â'r teulu, a sancteiddrwydd bywyd ei hun – yn cael eu bygwth gan wyddoniaeth megis ymchwil i embryonau.

Yr hawl i fywyd?

Mae ymgyrchwyr 'hawl i fywyd' wedi beirniadu triniaethau ffrwythlondeb hefyd. Maent yn dadlau fod bywyd yn dechrau gyda chenhedliad, a bod embryonau sy'n cael eu creu, ond heb eu mewnblannu yn ystod triniaethau IVF, yn cael eu 'llofruddio' wrth i feddygon eu defnyddio ar gyfer arbrofion gwyddonol, neu eu taflu i ffwrdd. Dadleua'r gwrthwynebwyr fod bywyd yn dechrau ar adeg lawer hwyrach – pan fydd ffoetws wedi tyfu digon i fedru byw y tu allan i'r groth – ac y gallai gwybodaeth sy'n cael ei chasglu wrth astudio embryonau 'dros ben' helpu i wella llawer o afiechydon.

Cyfyngiadau cyfreithiol

Gall gwledydd bennu cyfreithiau i reoli triniaethau IVF. Ym Mhrydain, er enghraifft, sefydlwyd corff o'r enw HFEA (Human Fertilisation and Embryology Authority) yn 1991 i gadw golwg ar y sefyllfa. Ond er gwaethaf rheolau cyfreithiwr, mae thechnegau IVF yn parhau i achosi dadleuon. Mae hyn yn arbennig o wir pan wneir camgymeriadau, megis yn 2002 pan gymysgwyd wyau a sberm mewn ysbyty ym Mhrydain, gan olygu fod menyw wedi geni babanod a genhedlwyd gan y dyn anghywir. Cododd hyn gwestiynau dyrys, yn enwedig o safbwynt y plentyn. Roedd y plentyn yn gwybod pwy oedd ei riant biolegol, ond pwy oedd i ofalu amdano, a'i garu? Pwy oedd yn warcheidwad cyfreithlon iddo? A phwy fyddai'n ei alw'n 'Dad?'

Mae Louise Brown, baban profdiwb cyntaf y byd, bellach yn oedolyn iach a heini. Er mai techneg IVF sy'n gyfrifol am ei bywyd, syndod yw clywed na fyddai Louise am gael triniaeth IVF ei hunan, yn ôl y sôn. Ond, ni fyddai dros filiwn o bobl – rhieni, gwyddonwyr a ffrindiau'r teulu – yn cytuno â hi. Er 1978, mae IVF wedi dod â llawenydd a boddhad mawr i lawer o fywydau.

Trwy aros i gynhyrchu embryo gyda'r meinwe cywir, mae Mr a Mrs Hashimi, pâr o Brydain, yn gobeithio achub bywyd eu mab Zain. Mae hon yn un o'r sefyllfaoedd mwyaf amlwg lle byddai parau'n manteisio ar gael yr hawl i ddewis math arbennig o embryo.

Helpu natur Roedd IVF yn driniaeth frawychus i ddechrau, ond nawr mae'n hollol dderbyniol a chyffredin. Bellach, rydym yn gwybod bod y driniaeth fel arfer yn ddiogel i famau, a bod plant sy'n cael eu cenhedlu drwy IVF fel arfer yn iach. Mewn rhai ffyrdd, nid yw IVF yn ddim mwy na help llaw i natur. Yr unig wahaniaeth rhwng IVF a chenhedliad naturiol yw'r lle mae wy a sberm yn uno gyda'i gilydd ac yn ffrwythloni. Cyn gynted ag y bydd embryo'n cael ei ddychwelyd i groth y fam, bydd y beichiogrwydd yn parhau'n naturiol.

Achub bywydau Mae triniaeth IVF hefyd wedi galluogi llawer o dechnegau eraill i weithio yn cynnwys achub bywydau. Yn 2002, ceisiodd rhieni o Brydain, Raj a Shahana Hashmi, gael hawl gyfreithiol i sgrinio'u hembryonau cyn parhau â beichiogrwydd. Roeddent yn chwilio am feinwe addas yn yr embryo ar gyfer eu mab Zain, a oedd yn dioddef o anhwylder yn y gwaed o'r enw thalasaemia. Y gobaith oedd cael caniatâd i eni embryo addas, a defnyddio'r gwaed yn ei linyn bogail i drin Zain.

Peirianneg genetig Mae llawer yn pryderu ynglŷn â'r posibilrwydd o newid y cod genetig mewn embryonau i greu 'babanod i gynllun'. Cyn hir, fe allai fod modd dylanwadu

DEWISIADAU *yn y dyfodol*

Mae llawer o bobl yn teimlo'n gyffrous ond hefyd yn bryderus wrth weld y datblygiadau mawr sy'n digwydd ym maes ymchwil genetig. Mae Eglwys Loegr wedi ymateb yn llugoer i ddatganiadau megis yr un a wnaed gan Dean Hamer, o'r American National Cancer Institute, yn 1995: 'Cyn hir bydd gennym y pŵer i newid ac ystumio ymddygiad dynol trwy ddulliau genetig'. Ymateb John Habgood, cyn Archesgob Efrog i'r sylw oedd: '[Dylem] fod yn ddrwgdybus ynglŷn â gwella natur ddynol, a bod hyd yn oed yn fwy drwgdybus o'r rheiny sy'n credu eu bod yn gwybod pa welliannau y dylid eu gwneud.'

RAS *beryglus*

- Yn 2002, honnodd dau wyddonydd gwahanol, sef Severino Antinori o'r Eidal a Panayiotis Zavos o UDA eu bod wedi dod yn agos at gynhyrchu bodau dynol wedi'u clonio.

- Ar Ragfyr y 26ain, 2002, honnodd aelodau o'r Mudiad Raelaidd eu bod wedi cynhyrchu clôn dynol cyntaf y byd – 'Eve' – er nad oes unrhyw wyddonydd annibynnol wedi cadarnhau'r enedigaeth, nac wedi gweld y baban.

- Ym mis Chwefror 2003, rhoddwyd Dolly'r ddafad sef mamolyn clôn cyntaf y byd, i gysgu. Roedd hi'n chwe blwydd oed. Roedd hi wedi heneiddio'n llawer cynt na defaid arferol, ac yn dioddef poen oherwydd arthritis difrifol – afiechyd sy'n effeithio ar yr henoed.

ar gymeriad embryo ac ar nodweddion corfforol megis lliw gwallt. Mae hyn yn codi llawer o gwestiynau moesegol a moesol: pa fath o ymddygiad ddylai gael ei fridio ym mabanod y dyfodol? Pa fath o ymddygiad ddylid ei ddileu? A phwy, os o gwbl, ddylai gael y pŵer i ddewis? Ond mae peirianneg genetig wedi'i wahardd ar hyn o bryd mewn llawer o wledydd.

Clonio   Triniaeth IVF fu hefyd

yn gymorth i sbarduno un o ddatblygiadau gwyddonol mwyaf dadleuol diwedd yr ugeinfed ganrif – clonio. Mae clôn yn gopi o un rhiant yn unig, ac nid yw'n cael ei greu trwy ffrwythloniad arferol. Mae'n dechneg anodd, sy'n bell o fod yn berffaith. Cymerodd 277 o gynigion i wyddonwyr yn yr Alban gynhyrchu'r mamolyn clôn cyntaf yn y byd, sef Dolly'r ddafad. Hyd yn hyn, mae gan y rhan fwyaf o'r anifeiliaid clôn sydd wedi'u geni, nam genynnol. Mae clonio wedi'i wahardd mewn sawl man yn y byd.

Dim atebion rhwydd   Yn 2002,

dywedodd arloeswr y profdiwb, Dr Edwards, y byddai'n cefnogi clonio dynol – ond dim ond os oedd modd profi bod y broses yn ddiogel. Roedd eraill yn anghytuno. Nid oes atebion rhwydd, felly mae'n rhaid meddwl yn ofalus am yr hyn yr hoffem ei gael i ni'n hunain, a pha fath o gymdeithas yr hoffem fyw ynddi, cyn gwneud y penderfyniad anodd hwn.

A ydym ar drothwy dyfodol lle y gallai fod modd 'dewis' babanod ar sail eu potensial athletig, eu galluoedd meddyliol neu'u hymddygiad?

1500–1784

- *1537: Y meddyg o Fflandrys, Andreas Vesalius yn sefydlu gwyddor fodern anatomeg gyda'i lyfr 'Chwe Llun Anatomegol'. Dyma'r llyfr cyntaf i gynnwys darluniau cywir o esgyrn ac organau dynol. Gwnaeth Vesalius ei ganfyddiadau gan ddefnyddio cyrff troseddwyr wedi'u dienyddio.*
- *1561: Yr anatomegydd o'r Eidal, Gabriele Falloppia, yn disgrifio tiwbiau Fallopio menyw yn gywir yn ei lyfr, 'Arsylwadau Anatomegol'. Yna, daeth meddygon i sylweddoli y gallai anffrwythlondeb gael ei achosi gan diwbiau Fallopio wedi'u difrodi.*
- *1677: Anton van Leeuwenhoek, gwyddonydd o'r Iseldiroedd a microsgopydd arloesol, yw'r cyntaf i weld sberm o dan ficrosgop. Mae'n eu galw'n 'larfae dynol' ac yn credu fod babanod yn cael eu ffurfio o sbermau'n unig.*
- *1777: offeiriad o'r Eidal yn arbrofi gyda semenu artiffisial, gan ddefnyddio ymlusgiaid.*

1785–1890

- *1785: Y gwyddonydd o Brydain, John Hunter, yn rhoi cynnig aflwyddiannus ar semenu artiffisial.*
- *1828 – 1837: Y naturiaethwr o Estonia, Karl Ernst von Baer yn arloesi ym maes astudio embryoleg. Ei lyfr, sef 'Hanes Datblygiad Anifeiliaid', yw'r cyntaf i esbonio sut mae'r ofaraïau bodau dynol ac anifeiliaid yn gweithio.*
- *1843: Y meddyg o Brydain, Martin Barry, yn darganfod sut mae wy a sberm dynol yn uno gyda'i gilydd ar adeg ffrwythloniad. Daw'n amlwg fod celloedd gwrywaidd a benywaidd yr un mor bwysig â'i gilydd ar gyfer cenhedlu.*
- *1868: Y gwyddonydd o'r Almaen, Adolf Kussmaul, yn dyfeisio'r gastrosgop (piben a chanddi lamp a lensys) i archwilio stumogau o'r tu mewn. Arweiniodd ei ddyfais at ddatblygiad y laparosgop, sy'n galluogi gwyddonwyr i archwilio'r organau rhyw mewn llawer mwy o fanylder.*
- *1890: Y gwyddonydd o Brydain, Robert Dickinson, yn cynnal arbrofion gyda sberm gan roddwyr. Bu'n rhaid iddo barhau a'i waith yn gyfrinachol ar ôl i'r Eglwys Gatholig ei gondemnio.*

1891–1948

- *1929 – 1930: Y gwyddonwyr o America, Edgar Allen ac Edward Daisy yn canfod y prif hormon rhyw benywaidd, sef 'oestrogen'.*
- *1934: Y biocemegydd o'r Almaen, Adolf Butenandt, yn canfod yr ail brif hormon rhyw benywaidd, sef progesteron. Dyma sy'n paratoi'r tiwbiau Fallopio a'r groth i dderbyn wy.*
- *1948: Adroddiad ar semenu artiffisial yn y British Medical Journal yn ysgogi trafodaeth danbaid yn y senedd. Eglwys Loegr yn argymell y dylai'r arfer fod yn drosedd. Yn ôl llywodraeth Prydain, mae'r arfer yn 'annymunol, ac yn rywbeth na ddylid ei annog'.*

1949–1966

- *1953: Y biolegydd o Brydain, Francis Crick, a'r biolegydd o America, James Watson, yn creu model moleciwlaidd o DNA. Mae hwn yn arwain y ffordd ar gyfer ymchwil i gyfansoddiad genynnol popeth byw.*
- *1965: Y biolegydd o Brydain, Robert Edwards, yn arbrofi gyda thechnegau i gadw wyau anffrwythlon yn fyw mewn cyfrwng meithrin (cymysgedd o gemegau).*
- *1966: Robert Edwards a'r gynaecolegydd Prydeinig Patrick Steptoe yn cydweithio i ddefnyddio laparosgop i dynnu wyau aeddfed o ofariau a'u ffrwythloni â sberm tu allan i gorff menyw.*

1967–1977

1978–1989

1990–1992

1993–2002

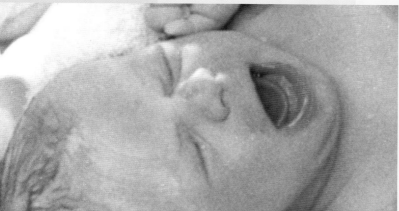

1972: Edwards a Steptoe yn gosod wyau a ffrwythlonwyd yn y labordy yn ôl i mewn yng nghyrff menywod a chanddynt diwbiau Fallopio wedi'u difrodi, gan obeithio y byddai'r wyau'n ymblannu yn y groth. Maent yn gwneud mwy nag 80 o gynigion aflwyddiannus.

• 1975: Menyw o Brydain, Marlene Platt, yw'r gyntaf i genhedlu gan ddefnyddio'r driniaeth anffrwythlondeb newydd a elwir yn IVF. Ond, mae'r beichiogrwydd yn ectopig ac yn cael ei derfynu.

• Tachwedd 1977: Pâr o Brydain, Lesley a John Brown, yn dechrau triniaeth IVF ar ôl clywed am waith Edwards a Steptoe. Mae Lesley Brown yn beichiogi ar ôl ffrwythloni wy gyda sberm ei gŵr, a'i osod yn ei chroth.

• Gorffennaf 1978: Ar ôl triniaeth Gesaraidd, mae Lesley Brown yn geni'r baban profdiwb cyntaf, sef Louise Joy.

• Rhagfyr 1981: Baban profdiwb cyntaf America, Elizabeth Jordan Carr, yn cael ei geni yn Norfolk, Virginia.

• 1988: Y cenhedliadau cyntaf o ganlyniad i GIFT – techneg lle y rhoddir wy a sberm ar wahân i mewn yn y groth, a'u gadael i ffrwythloni yno.

• 1990: Deddf Ffrwythloniad Dynol ac Embryoleg yn cael ei derbyn yn y DU.
• 1991: Sefydlu corff yr Awdurdod Ffrwythloniad Dynol ac Embryoleg (HFEA), sydd â'r nod o reoli triniaethau IVF.

• Ionawr, 1992: Cyhoeddi'r beichiogrwydd llwyddiannus cyntaf o ganlyniad i driniaeth newydd o'r enw ICSI (Intracytoplasmic Sperm Injection). Beirniaid yn rhybuddio y gallai achosi anableddau mewn babanod.

• Mai, 1992: Eidales 62 mlwydd oed o'r enw Rosanna della Corta yn geni mab, Riccardo, ar ôl triniaeth IVF gan Dr Severino Antinori.

• 1996: Dafad o'r Alban o'r enw Dolly yw'r mamolyn cyntaf i gael ei glonio'n llwyddiannus, ar ôl 277 o gynigion aflwyddiannus.

• 2000: Cyfrwng a wneir trwy ddefnyddio bôn-gelloedd, a rhai ohonynt o embryonau 'dros ben' a roddwyd gan barau a oedd wedi derbyn IVF, yn agor y drws i feinwe 'a wneir ar archeb' ar gyfer llawdriniaethau trawsblaniad.

• 2002: Pâr o Brydain, Raj a Shahana Hashimi, yn ceisio'r hawl i sgrinio embryonau cyn parhau gyda beichiogrwydd, gan obeithio cael baban gyda'r meinwe cywir i ddarparu gwaed cordyn i achub bywyd eu mab.

• Awst 2002: Dau wyddonydd gwahanol – Severino Antinori o'r Eidal a Panayiotis Zavos o UDA yn honni eu bod yn agos at gynhyrchu bodau dynol wedi'u clonio.

• Rhagfyr 2002: Y Mudiad Raelaidd yn honni eu bod wedi cynhyrchu baban clôn cyntaf y byd – 'Eve'. Ond, nid oes unrhyw wyddonydd annibynnol wedi cadarnhau bod y datganiad yn wir, nac wedi gweld y baban.

amniosentesis Cymryd sampl o hylif o'r groth yn ystod beichiogrwydd. Gwneir hyn er mwyn asesu cyflwr ffoetws.

anatomeg Cangen o fioleg neu feddygaeth sy'n ymdrin â strwythur cyrff neu blanhigion. Daeth pobl i ddeall llawer mwy am genhedliad, beichiogrwydd ac anffrwythlondeb ar ôl i Andreas Vesalius (1514-64) gyhoeddi'r darluniau manwl cyntaf o esgyrn ac organau dynol.

anffrwythlondeb Methiant i genhedlu a chynhyrchu baban. Mae meddygon yn ystyried bod menyw yn anffrwythlon os yw hi o dan 35 ac wedi methu â chenhedlu ar ôl blwyddyn o ryw diamddiffyn, neu ar ôl chwe mis os yw hi dros 35 oed. Mae llawer o bethau'n achosi anffrwythlondeb, gan gynnwys tiwbiau Fallopio wedi'u rhwystro neu'u niweidio, cyfrif sberm isel a ffactorau amgylcheddol megis straen a chamddefnyddio alcohol.

baban profdiwb Enw poblogaidd a roddir i fabanod sy'n cael eu geni gan famau sydd wedi derbyn triniaeth IVF.

beichiogrwydd ectopig Beichiogrwydd lle mae'r wy ffrwythlon yn ymblannu ac yn dechrau tyfu y tu allan i'r groth. Caiff beichiogrwydd ectopig ei derfynu oherwydd y gallai'r baban achosi gwaedu mewnol wrth dyfu, gan beryglu bywyd y fam.

clonio Copïo celloedd neu organebau yn anrhywiol – o un rhiant, heb ffrwythloniad arferol. Datblygwyd y dull dadleuol hwn gyda chymorth canfyddiadau a wnaed trwy IVF.

croth Organ atgenhedlol gyhyrog y fenyw, sy'n cynnal ac yn rhoi maeth i'r ffoetws yn ystod beichiogrwydd.

DNA Asid diocsiriboniwclëig. Y deunydd genetig sydd i mewn yng nghelloedd popeth byw. Mae'n rheoli twf y celloedd ac yn gyfrifol am drosglwyddo gwybodaeth enetig o un genhedlaeth i'r nesaf.

embryo Yr enw a roddir i blentyn heb ei eni yn ystod yr wyth wythnos cyntaf ar ôl y cenhedliad. Ar ôl i wy gael ei ffrwythloni gan sberm, a dechrau tyfu, rydym yn ei alw'n embryo.

ffactor rhesws Unrhyw un o nifer o sylweddau cemegol sy'n bresennol mewn celloedd gwaed coch a all ysgogi alergedd gan fenyw. Os yw menyw yn rhesws negyddol a'i gŵr yn rhesws positif, efallai y bydd ganddi broblemau o ran cytunedd rhesws. Ar ôl y beichiogrwydd cyntaf, bydd y ffactor rhesws yn mynd i mewn i system gylchrediad y fam yn ystod genedigaeth plentyn sydd wedi etifeddu'r ffactor rhesws gan ei dad. Yna, bydd corff y fam yn cynhyrchu gwrthgyrff yn ei erbyn. Os bydd yn beichiogi gyda baban rhesws positif arall, gall y gwrthgyrff ymosod ar gelloedd gwaed coch y baban, gan achosi anaemia yn y baban.

ffoetws Yr enw a roddir i blentyn heb ei eni sy'n datblygu, dros wyth wythnos ar ôl ei genhedlu. Mae rhai yn dadlau fod embryo'n dod yn ffoetws ar adeg hyd yn oed yn gynt.

ffrwythloniad Uno un sberm gydag wy aeddfed, naill ai yn y tiwbiau Fallopio neu y tu allan i gorff menyw os yw hi'n derbyn triniaeth IVF.

ffrwythloniad in vitro (IVF) Triniaeth anffrwythlondeb lle caiff wy aeddfed ei dynnu o gorff menyw a'i gymysgu â sberm mewn dysgl wydr fas. Yna, caiff yr wy ffrwythlon ei ddychwelyd i groth y fenyw. Mae'r enw 'in vitro' yn golygu 'mewn gwydr' yn Lladin.

GIFT Gamete Intrafallopian Transfer. Techneg lle mae wy a sberm yn cael eu rhoi ar wahân mewn tiwb Fallopio, er mwyn i ffrwythloniad ddigwydd yno.

gynaecoleg Y gangen o feddygaeth sy'n delio ag afiechydon ac anhwylderau menywod, yn arbennig y rheiny sy'n ymwneud â'r system atgenhedlu fenywaidd. Mae gynaecolegydd yn feddyg sy'n arbenigo yn y maes hwn.

HFEA The Human Fertilisation and Embryology Authority. Corff a sefydlwyd yn y DU yn 1990 i reoleiddio a rheoli arferion IVF.

hormon   Cemegyn sy'n cael ei ryddhau'n uniongyrchol i mewn i gylchrediad y gwaed trwy chwarren neu feinwe, ac sydd â rôl bwysig mewn ffrwythloniad, cenhedliad a beichiogrwydd. Y ddau brif hormon benywaidd yw 'oestrogen', sy'n achosi menywod i fod yn aeddfed yn rhywiol, a 'progesteron', sy'n paratoi'r tiwbiau Fallopio a'r groth i dderbyn wy ffrwythlon. Mewn rhai triniaethau IVF, rhoddir hormonau i fenyw er mwyn ysgogi ei hofarïau i gynhyrchu llawer o wyau aeddfed.

ICSI   Intracytoplasmic Sperm Injection. Chwistrelliad Sberm Mewnsytoplasmig Triniaeth anffrwythlondeb a ddatblygwyd ar ôl IVF. Ynddi, caiff un sberm ei ynysu, trwy ei godi â nodwydd fân iawn, a'i chwistrellu i mewn i wy menyw fel y bydd y ddau'n uno a ffrwythloni. Gall y driniaeth hon helpu parau lle mae'r broblem anffrwythlondeb yn gysylltiedig â sberm y dyn.

laparosgop   Tiwb opteg ffibr a roddir i mewn trwy wal yr abdomen, i alluogi meddygon i arsylwi organau'r corff. Defnyddir laparosgop wrth dynnu wyau aeddfed o groth menyw sy'n derbyn triniaeth IVF.

mewnblaniad   Y cam pan mae wy ffrwythlon yn cydio yn leinin y groth. Mae cenhedliad yn gyflawn ar ôl i'r mewnblaniad ddigwydd.

ofarïau   Y pâr o organau atgenhedlu benywaidd sy'n cynhyrchu wyau a hormonau rhyw benywaidd. Mae'r ofarïau'n cymryd tro bob yn ail i gynhyrchu un wy bob mis. Yn ystod triniaeth IVF, caiff wy aeddfed ei dynnu'n syth allan o ofari.

ofyliad   Proses lle mae'r fenyw yn gollwng wy. Tua 12 gwaith y flwyddyn, caiff wy aeddfed ei ryddhau o'i hofarïau oddeutu 14 diwrnod cyn ei misglwyf. Mae'n aros am oddeutu 12 awr yn y tiwb Fallopio agosaf, lle mae'n marw os na chaiff ei ffrwythloni gan sberm.

Peirianneg genetig   Trin y genynnau yng nghelloedd pethau byw mewn modd artiffisial. Gall hyn alluogi rhieni i ddewis dim ond embryonau heb ddiffygion neu embryonau a

chanddynt nodweddion arbennig. Efallai y bydd ymchwil ar gelloedd a gymerwyd o embryonau'n galluogi meddygon i gynhyrchu meinwe 'a wneir ar archeb' ar gyfer llawdriniaethau trawsblaniad. Mae'r mater yn hynod ddadleuol.

sberm   Y celloedd rhyw gwrywaidd. Mae sbermau'n cael eu gwneud mewn dwy chwarren o'r enw'r ceilliau. Yn ystod cyfathrach rywiol, caiff sberm ei ryddhau o'r ceilliau mewn hylif o'r enw semen. Mae cynffon gan bob sberm, sy'n ei alluogi i nofio tuag at yr wy yng nghroth y fenyw.

semenu artiffisial   Ffrwythloni wy gyda sberm trwy ddulliau gwahanol i gyfathrach rywiol.

tiwbiau Fallopio   Sianel y mae'r wyau'n teithio trwyddynt i'r groth ar ôl cael eu rhyddhau o'r ofarïau. Caiff wyau eu ffrwythloni gan sbermau sydd wedi nofio i mewn i'r tiwbiau Fallopio.

toriad Cesaraidd   Llawdriniaeth i eni baban trwy dorri'r abdomen ar agor a thynnu'r baban yn uniongyrchol o'r groth.

uwchsain   Sain ar amledd uwchsain, sy'n cael ei ddefnyddio gan feddygon i asesu datblygiad beichiogrwydd. Caiff chwiliedydd sy'n trosglwyddo dirgryniadau ei symud dros abdomen y fenyw. Mae'r dirgryniadau'n adlewyrchu'n ôl, ac yn ymddangos fel smotiau llachar ar sgrîn dywyll, gan ffurfio delwedd gywir o'r ffoetws.

wy   Y gell atgenhedlu fenywaidd, a elwir hefyd yn ofwm. Mae wyau'n cael eu cynhyrchu yn ofarïau'r fenyw. Oddeutu bob 28 diwrnod, caiff wy aeddfed ei ryddhau o swigen ar yr ofari o'r enw ffoligl. Yna, caiff yr wy ei gasglu yn agoriad siâp twndis y tiwb Fallopio, a'i gludo ar hyd y tiwb Fallopio, lle y gall oroesi am ddim ond diwrnod neu ddau, os na chaiff ei ffrwythloni gan sberm.

ZIFT   Zygote Intrafallopian Transfer. Trosglwyddiad Sygot Mewnffalopaidd sef triniaeth anffrwythlondeb lle mae wy sy'n cael ei ffrwythloni mewn dysgl wydr yn cael ei roi bron yn syth yn nhiwb Fallopio'r fenyw, yn hytrach nag yn ei chroth. Mae meddygon yn credu bod hyn yn galluogi'r wy i ddatblygu'n fwy naturiol.

Cyhoeddwyd gyntaf yn 2003 gan ticktock Media Ltd.,

Unit 2, Orchard Business Centre, North Farm Road, Tunbridge Wells, Kent, TN2 3XF

ISBN: 978 1 84851 276 4

Cyhoeddir gyda chefnogaeth

Llywodraeth Cynulliad Cymru.

Argraffwyd a rhwymwyd yng Nghymru gan

Wasg Gomer, Llandysul, Ceredigion SA44 4JL

www.gomer.co.uk

Cydnabod Lluniau:

c = canol; g = gwaelod; ch = chwith; dd = dde; t = top.

Alamy: 12-13c, 35g, 43c.

Corbis: 8-9, 10-11, 12, 18g, 20t, 30, 42g.

Hulton Archive: 28g.

NASA: 1, 6-7c, 7t, 15g, 19t, 22t, 30-31, 32-33, 34, 35t, 36-37, 38, 40, 43c, 43dd.

Science Photo Library: 6, 141, 22t, 25 26-27.